心一堂術數古籍珍本叢刊

書名：命數叢譚
系列：心一堂術數古籍珍本叢刊　星命類　第二輯　132
作者：【民國】張雲溪
主編、責任編輯：陳劍聰
心一堂術數古籍珍本叢刊編校小組：陳劍聰　素聞　梁松盛　鄒偉才　虛白盧主

出版：心一堂有限公司
通訊地址：香港九龍旺角彌敦道六一〇號荷李活商業中心十八樓〇五－〇六室
深港讀者服務中心：中國深圳市羅湖區立新路六號羅湖商業大廈負一層〇〇八室
電話號碼：(852)67150840
網址：publish.sunyata.cc
電郵：sunyatabook@gmail.com
網店：http://book.sunyata.cc
淘寶店地址：https://shop210782774.taobao.com
微店地址：https://weidian.com/s/1212826297
臉書：https://www.facebook.com/sunyatabook
讀者論壇：http://bbs.sunyata.cc/

版次：二零一六年三月初版
平裝

港幣　　一百八十元正
定價：人民幣　　一百八十元正
新台幣　　八百五十元正

國際書號：ISBN 978-988-8317-14-1

香港發行：香港聯合書刊物流有限公司
地址：香港新界大埔汀麗路36號中華商務印刷大廈3樓
電話號碼：(852)2150-2100
傳真號碼：(852)2407-3062
電郵：info@suplogistics.com.hk

台灣發行：秀威資訊科技股份有限公司
地址：台灣台北市內湖區瑞光路七十六巷六十五號一樓
電話號碼：+886-2-2796-3638
傳真號碼：+886-2-2796-1377
網絡書店：www.bodbooks.com.tw
台灣國家書店讀者服務中心：
地址：台灣台北市中山區松江路二〇九號一樓
電話號碼：+886-2-2518-0207
傳真號碼：+886-2-2518-0778
網絡書店：http://www.govbooks.com.tw

中國大陸發行　零售：深圳心一堂文化傳播有限公司
深圳地址：深圳市羅湖區立新路六號羅湖商業大廈負一層〇〇八室
電話號碼：(86)0755-82224934

心一堂微店二維碼

心一堂淘寶店二維碼

心一堂術數古籍 珍本 整理 叢刊 總序

術數定義

術數，大概可謂以「推算（推演）、預測人（個人、群體、國家等）、事、物、自然現象、時間、空間方位等規律及氣數，並或通過種種『方術』，從而達致趨吉避凶或某種特定目的」之知識體系和方法。

術數類別

我國術數的內容類別，歷代不盡相同，例如《漢書・藝文志》中載，漢代術數有六類：天文、曆譜、五行、蓍龜、雜占、形法。至清代《四庫全書》，術數類則有：數學、占候、相宅相墓、占卜、命書、相書、陰陽五行、雜技術等，其他如《後漢書・方術部》、《藝文類聚・方術部》、《太平御覽・方術部》等，對於術數的分類，皆有差異。古代多把天文、曆譜、及部分數學均歸入術數類，而民間流行亦視傳統醫學作為術數的一環；此外，有些術數與宗教中的方術亦往往難以分開。現代民間則常將各種術數歸納為五大類別：命、卜、相、醫、山，通稱「五術」。

本叢刊在《四庫全書》的分類基礎上，將術數分為九大類別：占筮、星命、相術、堪輿、選擇、三式、讖諱、理數（陰陽五行）、雜術（其他）。而未收天文、曆譜、算術、宗教方術、醫學。

術數思想與發展——從術到學，乃至合道

我國術數是由上古的占星、卜筮、形法等術發展下來的。其中卜筮之術，是歷經夏商周三代而通過「龜卜、蓍筮」得出卜（筮）辭的一種預測（吉凶成敗）術，之後歸納並結集成書，此即現傳之《易

經》。經過春秋戰國至秦漢之際，受到當時諸子百家的影響、儒家的推崇，遂有《易傳》等的出現，原本是卜筮術書的《易經》，被提升及解讀成有包涵「天地之道（理）」之學。因此，《易・繫辭傳》曰：「易與天地準，故能彌綸天地之道。」

漢代以後，易學中的陰陽學說，與五行、九宮、干支、氣運、災變、律曆、卦氣、讖緯、天人感應說等相結合，形成易學中象數系統。而其他原與《易經》本來沒有關係的術數，如占星、形法、選擇，亦漸漸以易理（象數學說）為依歸。《四庫全書・易類小序》云：「術數之興，多在秦漢以後。要其旨，不出乎陰陽五行，生尅制化。實皆《易》之支派，傅以雜說耳。」至此，術數可謂已由「術」發展成「學」。

及至宋代，術數理論與理學中的河圖洛書、太極圖、邵雍先天之學及皇極經世等學說給合，通過術數以演繹理學中「天地中有一太極，萬物中各有一太極」（《朱子語類》）的思想。術數理論不單已發展至十分成熟，而且也從其學理中衍生一些新的方法或理論，如《梅花易數》、《河洛理數》等。

在傳統上，術數功能往往不止於僅僅作為趨吉避凶的方術，及「能彌綸天地之道」的學問，亦有其「修心養性」的功能，「與道合一」（修道）的內涵。《素問・上古天真論》：「上古之人，其知道者，法於陰陽，和於術數。」數之意義，不單是外在的算數、歷數、氣數，而是與理學中同等的「道」、「理」--心性的功能，北宋理氣家邵雍對此多有發揮：「聖人之心，是亦數也」、「萬化萬事生乎心」、「心為太極」。《觀物外篇》：「先天之學，心法也。……蓋天地萬物之理，盡在其中矣，心一而不分，則能應萬物。」反過來說，宋代的術數理論，受到當時理學、佛道及宋易影響，認為心性本質上是等同天地之太極。天地萬物氣數規律，能通過內觀自心而有所感知，即是內心也已具備有術數的推演及預測、感知能力；相傳是邵雍所創之《梅花易數》，便是在這樣的背景下誕生。

《易・文言傳》已有「積善之家，必有餘慶；積不善之家，必有餘殃」之說，至漢代流行的災變說及讖緯說，我國數千年來都認為天災，異常天象（自然現象），皆與一國或一地的施政者失德有關；下至家族、個人之盛衰，也都與一族一人之德行修養有關。因此，我國術數中除了吉凶盛衰理數之外，人心的德行修養，也是趨吉避凶的一個關鍵因素。

術數與宗教、修道

在這種思想之下，我國術數不單只是附屬於巫術或宗教行為的方術，又往往是一種宗教的修煉手段--通過術數，以知陰陽，乃至合陰陽（道）。「其知道者，法於陰陽，和於術數。」例如，「奇門遁甲」術中，即分為「術奇門」與「法奇門」兩大類。「法奇門」中有大量道教中符籙、手印、存想、內煉的內容，是道教內丹外法的一種重要外法修煉體系。甚至在雷法一系的修煉上，亦大量應用了術數內容。此外，相術、堪輿術中也有修煉望氣（氣的形狀、顏色）的方法；堪輿家除了選擇陰陽宅之吉凶外，也有道教中選擇適合修道環境（法、財、侶、地中的地）的方法，以至通過堪輿術觀察天地山川陰陽之氣，亦成為領悟陰陽金丹大道的一途。

易學體系以外的術數與的少數民族的術數

我國術數中，也有不用或不全用易理作為其理論依據的，如揚雄的《太玄》、司馬光的《潛虛》。也有一些占卜法、雜術不屬於《易經》系統，不過對後世影響較少而已。

外來宗教及少數民族中也有不少雖受漢文化影響（如陰陽、五行、二十八宿等學說。）但仍自成系統的術數，如古代的西夏、突厥、吐魯番等占卜及星占術，藏族中有多種藏傳佛教占卜術、苯教占卜術、擇吉術、推命術、相術等；北方少數民族有薩滿教占卜術；不少少數民族如水族、白族、布朗族、佤族、彝族、苗族等，皆有占雞（卦）草卜、雞蛋卜等術，納西族的占星術、占卜術，彝族畢摩的推命術、占卜術……等等，都是屬於《易經》體系以外的術數。相對上，外國傳入的術數以及其理論，對我國術數影響更大。

曆法、推步術與外來術數的影響

我國的術數與曆法的關係非常緊密。早期的術數中，很多是利用星宿或星宿組合的位置（如某星在某州或某宮某度）付予某種吉凶意義，并據之以推演，例如歲星（木星）、月將（某月太陽所躔之宮次）等。不過，由於不同的古代曆法推步的誤差及歲差的問題，若干年後，其術數所用之星辰的位置，已與真實星辰的位置不一樣了；此如歲星（木星），早期的曆法及術數以十二年為一周期（以應地支），與木星真實周期十一點八六年，每幾十年便錯一宮。後來術家又設一「太歲」的假想星體來解決，是歲星運行的相反，週期亦剛好是十二年。而術數中的神煞，很多即是根據太歲的位置而定。又如六壬術中的「月將」，原是立春節氣後太陽躔娵訾之次而稱作「登明亥將」，至宋代，因歲差的關係，要到雨水節氣後太陽才躔娵訾之次，當時沈括提出了修正，但明清時六壬術中「月將」仍然沿用宋代沈括修正的起法沒有再修正。

由於以真實星象周期的推步術是非常繁複，而且古代星象推步術本身亦有不少誤差，大多數術數除依曆書保留了太陽（節氣）、太陰（月相）的簡單宮次計算外，漸漸形成根據干支、日月等的各自起例，以起出其他具有不同含義的眾多假想星象及神煞系統。唐宋以後，我國絕大部分術數都主要沿用這一系統，也出現了不少完全脫離真實星象的術數，如《子平術》、《紫微斗數》、《鐵版神數》等。後來就連一些利用真實星辰位置的術數，如《七政四餘術》及選擇法中的《天星選擇》，也已與假想星象及神煞混合而使用了。

隨着古代外國曆（推步）、術數的傳入，如唐代傳入的印度曆法及術數，元代傳入的回回曆等，其中我國占星術便吸收了印度占星術中羅睺星、計都星等而形成四餘星，又通過阿拉伯占星術而吸收了其中來自希臘、巴比倫占星術的黃道十二宮、四大（四元素）學說（地、水、火、風），並與我國傳統的二十八宿、五行說、神煞系統並存而形成《七政四餘術》。此外，一些術數中的北斗星名，不用我國傳統的星名：天樞、天璇、天璣、天權、玉衡、開陽、搖光，而是使用來自印度梵文所譯的：貪狼、巨門、祿存、文曲，廉貞、武曲、破軍等，此明顯是受到唐代從印度傳入的曆法及占星術所影響。如星命術中的《紫微斗數》及堪輿術中的《撼龍經》等文獻中，其星皆用印度譯名。及至清初《時憲曆》，置閏之法則改用西法「定氣」。清代以後的術數，又作過不少的調整。

此外，我國相術中的面相術、手相術，唐宋之際受印度相術影響頗大，至民國初年，又通過翻譯歐西、日本的相術書籍而大量吸收歐西相術的內容，形成了現代我國坊間流行的新式相術。

陰陽學——術數在古代、官方管理及外國的影響

術數在古代社會中一直扮演着一個非常重要的角色，影響層面不單只是某一階層、某一職業、某一年齡的人，而是上自帝王，下至普通百姓，從出生到死亡，不論是生活上的小事如洗髮、出行等，大事如建房、入伙、出兵等，從個人、家族以至國家，從天文、氣象、地理到人事、軍事，從民俗、學術到宗教，都離不開術數的應用。我國最晚在唐代開始，已把以上術數之學，稱作陰陽（學），行術數者稱陰陽人。（敦煌文書、斯四三二七唐《師師漫語話》：「以下說陰陽人謾語話」，此說法後來傳入日本，今日本人稱行術數者為「陰陽師」）。一直到了清末，欽天監中負責陰陽術數的官員中，以及民間術數之士，仍名陰陽生。

古代政府的中欽天監（司天監），除了負責天文、曆法、輿地之外，亦精通其他如星占、選擇、堪輿等術數，除在皇室人員及朝庭中應用外，也定期頒行日書、修定術數，使民間對於天文、日曆用事吉凶及使用其他術數時，有所依從。

我國古代政府對官方及民間陰陽學及陰陽官員，從其內容、人員的選拔、培訓、認證、考核、律法監管等，都有制度。至明清兩代，其制度更為完善、嚴格。

宋代官學之中，課程中已有陰陽學及其考試的內容。（宋徽宗崇寧三年〔一一零四年〕崇寧算學令：「諸學生習……並曆算、三式、天文書。」「諸試……三式即射覆及預占三日陰陽風雨。天文即預

定一月或一季分野災祥，並以依經備草合問為通。」

金代司天臺，從民間「草澤人」（即民間習術數人士）考試選拔：「其試之制，以《宣明曆》試推步，及《婚書》、《地理新書》試合婚、安葬，並《易》筮法，六壬課、三命、五星之術。」（《金史》卷五十一・志第三十二・選舉一）

元代為進一步加強官方陰陽學對民間的影響、管理、控制及培育，除沿襲宋代、金代在司天監掌管陰陽學及中央的官學陰陽學課程之外，更在地方上增設陰陽學課程（《元史・選舉志一》：「世祖至元二十八年夏六月始置諸路陰陽學。」）地方上也設陰陽學教授員，培育及管轄地方陰陽人。（《元史・選舉志一》：「（元仁宗）延祐初，令陰陽人依儒醫例，於路、府、州設教授員，凡陰陽人皆管轄之，而上屬於太史焉。」）自此，民間的陰陽術士（陰陽人），被納入官方的管轄之下。

至明清兩代，陰陽學制度更為完善。中央欽天監掌管陰陽學，明代地方縣設陰陽學正術，各州設陰陽學典術，各縣設陰陽學訓術。陰陽人從地方陰陽學肄業或被選拔出來後，再送到欽天監考試。（《大明會典》卷二二三：「凡天下府州縣舉到陰陽人堪任正術等官者，俱從吏部送（欽天監），考中，送回選用；不中者發回原籍為民，原保官吏治罪。」）清代大致沿用明制，凡陰陽術數之流，悉歸中央欽天監及地方陰陽官員管理、培訓、認證。至今尚有「紹興府陰陽印」、「東光縣陰陽學記」等明代銅印，及某某縣某某之清代陰陽執照等傳世。

清代欽天監漏刻科對官員要求甚為嚴格。《大清會典》「國子監」規定：「凡算學之教，設肄業生。滿洲十有二人，蒙古、漢軍各六人，於各旗官學內考取。漢十有二人，於舉人、貢監生童內考取。附學生二十四人，由欽天監選送。教以天文演算法諸書，五年學業有成，舉人引見以欽天監博士用，貢監生童以天文生補用。」學生在官學肄業、貢監生肄業或考得舉人後，經過了五年對天文、算法、陰陽學的學習，其中精通陰陽術數者，會送往漏刻科。而在欽天監供職的官員，《大清會典則例》「欽天監」規定：「本監官生三年考核一次，術業精通者，保題升用。不及者，停其升轉，再加學習。如能黽勉供職，即予開復。仍不及者，降職一等，再令學習三年，能習熟者，准予開復，仍不能者，黜退。」除定期考核以定其升用降職外，《大清律例》中對陰陽術士不準確的推斷（妄言禍福）是要治罪的。《大清律例・一七八・術七・妄言禍福》：「凡陰陽術士，不許於大小文武官員之家妄言禍福，違者杖一百。其依經推算星命卜課，不在禁限。」大小文武官員延請的陰陽術士，自然是以欽天監漏刻科官員或地方陰陽官員為主。

官方陰陽學制度也影響鄰國如朝鮮、日本、越南等地，一直到了民國時期，鄰國仍然沿用着我國的多種術數。而我國的漢族術數，在古代甚至影響遍及西夏、突厥、吐蕃、阿拉伯、印度、東南亞諸國。

術數研究

術數在我國古代社會雖然影響深遠，「是傳統中國理念中的一門科學，從傳統的陰陽、五行、九宮、八卦、河圖、洛書等觀念作大自然的研究。……傳統中國的天文學、數學、煉丹術等，要到上世紀中葉始受世界學者肯定。可是，術數還未受到應得的注意。術數在傳統中國科技史、思想史，文化史、社會史，甚至軍事史都有一定的影響。……更進一步了解術數，我們將更能了解中國歷史的全貌。」（何丙郁《術數、天文與醫學中國科技史的新視野》，香港城市大學中國文化中心。）

可是術數至今一直不受正統學界所重視，加上術家藏秘自珍，又揚言天機不可洩漏，「（術數）乃吾國科學與哲學融貫而成一種學說，數千年來傳衍嬗變，或隱或現，全賴一二有心人為之繼續維繫，賴以不絕，其中確有學術上研究之價值，非徒癡人說夢，荒誕不經之謂也。其所以至今不能在科學中成立一種地位者，實有數因。蓋古代士大夫階級目醫卜星相為九流之學，多恥道之；而發明諸大師又故為惝恍迷離之辭，以待後人探索；間有一二賢者有所發明，亦秘莫如深，既恐洩天地之秘，復恐譏為旁門左道，始終不肯公開研究，成立一有系統說明之書籍，貽之後世。故居今日而欲研究此種學術，實一極困難之事。」（民國徐樂吾《子平真詮評註》，方重審序）

現存的術數古籍，除極少數是唐、宋、元的版本外，絕大多數是明、清兩代的版本。其內容也主要是明、清兩代流行的術數，唐宋或以前的術數及其書籍，大部分均已失傳，只能從史料記載、出土文獻、敦煌遺書中稍窺一鱗半爪。

術數版本

坊間術數古籍版本，大多是晚清書坊之翻刻本及民國書賈之重排本，其中豕亥魚魯，或任意增刪，往往文意全非，以至不能卒讀。現今不論是術數愛好者，還是民俗、史學、社會、文化、版本等學術研究者，要想得一常見術數書籍的善本、原版，已經非常困難，更遑論如稿本、鈔本、孤本等珍稀版本。在文獻不足及缺乏善本的情況下，要想對術數的源流、理法、及其影響，作全面深入的研究，幾不可能。

有見及此，本叢刊編校小組經多年努力及多方協助，在海內外搜羅了二十世紀六十年代以前漢文為主的術數類善本、珍本、鈔本、孤本、稿本、批校本等數百種，精選出其中最佳版本，分別輯入兩個系列：

一、心一堂術數古籍珍本叢刊

二、心一堂術數古籍整理叢刊

前者以最新數碼（數位）技術清理、修復珍本原本的版面，更正明顯的錯訛，部分善本更以原色彩色精印，務求更勝原本。并以每百多種珍本、一百二十冊為一輯，分輯出版，以饗讀者。

後者延請、稿約有關專家、學者，以善本、珍本等作底本，參以其他版本，古籍進行審定、校勘、注釋，務求打造一最善版本，方便現代人閱讀、理解、研究等之用。

限於編校小組的水平，版本選擇及考證、文字修正、提要內容等方面，恐有疏漏及舛誤之處，懇請方家不吝指正。

心一堂術數古籍 珍本／整理 叢刊編校小組

二零零九年七月序

二零一四年九月第三次修訂

雲溪外史著

命數叢譚

序

嗟乎日月不居流光易逝人生百歲得意幾何孟氏曰修其天爵以待人爵是即義命之說也慨自歐風東漸自奉維豐之習尚競進豪爭貪多務得義命之安居易之俟已在天演無復存在之列是以中原板蕩大劫飛灰邪說橫流人慾難塡半世紀以來所得之結果唯此而矣然夷考其得失成敗否泰顯晦之迹雖曰人事要亦天命也著者不才性喜命數輒以朝野賢達海內聞人之命運推闡其進退得失之迹證以往事察於機先成敗之端驗者强半由是知競進非可必得而義命之守未爲不可爲也癸酉冬以命數叢譚一門刊之報端集久成帙復參以舊稿乃成命譚白篇命理言微一篇附刊二種合印成書仍以叢譚名之篇幅雖寡而舉凡命理體用之棄取格局之論斷疑義之解答宣微抉奧雖不敢云於命學有所貢獻而一得之愚已宣洩無遺苟推而廣之以爲知命之戒順受之鑑自勗勗人豈非吾人交友修身之一助乎若徒取驗於賢達之得失以資談助則非著者之本意也凡書成皆有序固不能免俗然命數小道也不敢以溷聞人因自序之以代弁言太歲甲戌五月

望雲溪外史序

凡例

一時賢命格蒐集維艱本書所載皆有來源故盡眞確可憑決無向壁虛造之弊

一本集命格次序以日主天干甲乙丙丁順次排列無齒德爵之分

一本集所推命格專重理論所斷吉凶禍福概無成見一以命理所賦之否泰爲依歸吉者非以貢諛凶者亦憑命而斷乃屬學術之研究也幸閱者諒之

一命理言微一卷乃著者集多年經驗研究所得並參以各種命書所成仿劄記體逐條書寫以其便於設論也皆屬解決命理問題之說誠知不無矛盾之弊幸閱者勿以小嫌害大意可也

一附集滴天髓及體象全編出星平大成皆少見傳本爲命理有價値之參考書故刊之幸閱者注意

一巫咸經原出圖書集成因抄校未竣續集再行附印特此聲明

命數叢譚目錄

時賢命格一百篇

陳濟棠　王伯羣　孫　科　何柱國　張廷樞　湯玉麟　張濟新　孔昭來
鄒毓秀　徐　箴　趙雲中　程艷秋　閻錫山　商　震　戢翼翹　張九卿
何玉芳　朱光華　杜月笙　蔣滌塵　胡漢民　黃　郛　陳立夫　陳紹寬
毛炳文　陳調元　魏宗瀚　竹廣鞠　李潤之　遲樾坡　羅文幹　王揖堂
朱慶瀾　袁　良　李世甲　薛篤弼　王懋功　胡　適　楊允哲　靳雲鵬
何文基　張聿莊　梅蘭芳　汪精衛　萬福麟　方本仁　馬占山　鮑毓麟
郭淇清　孔雅齋　仵祖望　顧維鈞　馮玉祥　朱光沐　王正廷　宋子文
陳季良　王樹常　何成濬　丁超五　潘　復　劉一飛　榮　臻　葉弼亮
李藻麟　羅韻珊　馬龍圖　張作相　鮑文越　湯國楨　陳嘉庚　何　遂
鄭世芬　盧　郁　鄧芝園　何元瀚　張學良　朱紹良　王克敏　李烈鈞
周作民　周大文　何豐林　何海鳴　趙恒惕　陶思澄　蔣作賓　危道豐
邢士廉　柳亞子　荆有岩　蕭叔宣　鄒作華　高紀毅　張國忱　孫耀五
王懷祖　趙濟民　楊　圻　常之英

命數叢譚目錄

陳濟棠

庚寅　　　　三二壬午
戊寅　　　　四二癸未
甲子
丙寅

甲戊庚三奇。地支寅木聚祿。爲三奇得垣。兩寅夾子。雙拱丑貴。三寅合亥。甲木趨乾。亥爲天門。爲三奇帶貴。盧合天門。八字純陽。甲子丙寅。順帶乙丑。爲武庫。子水得將星。故主兵權重任。聲威遠播。爲時景仰。以正五行取丙火爲用神。立春後八日。甲木得時不旺。最忌金尅。於時丙火得時。三寅助旺。透於時干。護甲以制庚。木火吐秀。才智軼群。午運歲運並作。爲國重鎮。癸運。雲遮日無光。戊癸合倘吉。未運。冲起暗丑。際遇不凡。功績蓋世。流年甲戌。引丙入墓。比重相爭。不光捉襟見肘。力費功少。乙亥年羊刃合煞。照有新開展。

王伯群

乙酉　丁巳　甲子　乙丑

三十二　癸丑
四十二　壬子

甲子日乙丑時。是乃金神格也。月提丁巳歲德乙酉。三合金局會殺。︵不可作官論︶兩透刃星以駕之。為金神格所喜。此格最喜月令火金通氣。制伏得宜則貴。故月提丁巳。為純火象。巳為金局長生。是與古人設格定律相合。而其用神則在丁巳。乘月令旺氣。制伏金神。極其得力。王君又為貴州生人。南方火位。得天時復得地利。此乃本命特點。日元無力。妙得刃印。以生以扶。勉可支柱。古詩云。癸酉巳巳並乙丑。三位金神時怕有。火鄉煞刃貴相逢。如在水鄉隨刑醜。證以此詩，喜火制。喜煞刃。忌金水明矣。但癸運却佳。何也。中有至理存焉。本命既得天時地利兩特點。日主弱喜生扶。而流年由三十二歲起。為丙辰丁巳午午等年。一氣兩方火地。足以補運之不足。丑運不純。壬運合丁。將用神合化。畧否。流年吉重。子運仍賴特點。維持於不敗。此局如為北方生人。四柱署加移換。癸丑壬子辛運。必有不堪言者。推論及此。命豈易言哉。今年甲戌地位尚佳。明年乙亥破合局。恐有調遷。但丙子丁丑兩年。局面一新，權位依舊。仍屬時之要人也。

孫科

戊子
丙辰
甲子
辛未

三四庚申
四四辛酉

甲木生於穀雨後三日。戊土當令。甲木輕癸水爲福。用財見印而最吉。甲子日見辛未時。爲同旬木家官貴。丙辛合。化官爲權。一化之後。成財印之局。辰中戊土透於年干。歲支見印。故承繼遺業。四柱極其純粹。當爲貴徵。二子夾辰。遙申金七煞。化去明官。而用暗煞。器度當屬不凡。權位登臬。爲時景仰。庚申一運。煞印相資。最佳。四四入辛運。二辛爭丙。象成棄奪。故進退不定。酉運當吉。甲戌流年。比肩幫身。冲開財庫。互助決然得當。自專則恐反失。乙亥丙子兩年唯心所欲。設施一新。

何柱國

丁酉 辛亥 甲申 戊辰

三五丁未 四五丙午

滴天髓云。甲木參天。脫胎要火。生於冬初。尤爲需要。應取丁火傷官爲用。木火傷官不忌官星。陰金遇寒水。亦以丁火爲切要也。辛金官星帶祿。申辰煞化爲權。格局整齊。惟丁火微弱。爲用不足。喜行生旺之地方吉。甲戌見申亦以三奇論。辛戊爲六儀。是乃重犯儀奇之說。申亥得用。爲乾坤清夷。說見妙選。現行丁運。用神比旺。勳業震當時。四十入未運。三奇逢未貴。必握政權。豐功丕績。行即見之矣。甲戌年。木火明秀。應有佳況。乙亥年似有新發展。未必完成。丙子丁丑兩年甚吉。必見偉績。

張廷樞

癸卯　二五辛酉
甲子　三五庚申
甲申　四五己未
乙亥

此乃六甲趨乾格也。眞寶賦云。六甲趨乾。透印綬爲佳。此局印星得祿。極合格局。年月日時胎各占一旬。是乃五福集祥格。蘭台經云。五福集祥則偉人間出。正五行甲木生於冬至前五時。乃迎氣而生。黨衆身强。用取申金七煞。乃煞刃局也。故以武功顯。印星高透於年干而得子祿。其爲世家顯族。得陰福之力。尤爲明徵。顧煞輕刃重。運至辛酉。以官助煞。立致騰達。酉運冲刃。煞在年支。則主家庭不安。庚申一運。七煞透天。煞刃相成。功名蓋世。甲戌乙亥兩年。隨遇而安。丙子丁丑等年。必奏偉績。而享榮名也。

湯玉麟

癸酉
丁巳
甲子
戊辰

四二壬子
五二辛亥
六二庚戌

甲木輕。癸水爲福。正印帶祿。爲本命唯一之用神。月提丁巳。傷官坐旺地而當令。惟洩氣太甚。時逢戊辰大財通庫。得月令。傷官以生之。晚年大富自由命定。年時眞六合。明印被合失用。設非身坐子水印星。自難勝財傷之洩洩。非但此也。年月酉巳半金局。庫丑士祿庫貴子辰。半水局地支遙申金七煞。地支又變爲官印相生之象。遙日時甲戊三奇缺庚。尤妙者。子辰遙申。爲庚祿。申庚也。而成甲戊庚三。但奇。無貴。不顯。巳酉遙丑貴。濟其用。明發其端。暗足其用。此所以爲貴人。歟。甲子戊辰。癸酉一旬三。妙選云。一旬三位。四位。爲公卿。奇。其說可信。。驗者。難矣，凡傷官得者。多桀驁不馴。然有豪氣。肝膽照人。敢作敢爲。自較異柔晤顧者。令勝一鑄論人不可雖成敗之見論命尤不可有成見。。其命自往耳。。辛運傷官見官。而印綬護官。。權星大顯。故操軍政之柄。亥運身逢長生。。普通皆訓老忌生旺。其實須看日元強弱。日主弱。壽之不暇。。何忌之有。但己亥沖提綱動驛馬。。故運未敗。復。庚運三奇成局。。盜名仍在。今年甲戌流年。甲木帮身。冲開財庫。環境有益無損。明年乙亥尚有遇合。重操軍權。

張海新

戊辰
乙卯
甲寅
丁卯

六二壬戌

天干透甲乙。地支寅卯辰東方一氣。生於仲春。木旺得時。乃曲直仁壽格也。月提乙卯。丁火居時。吐絲洩秀。羊刃當權。傷官作用。故以文人佐戎幕。居要津。蓋生有自來耳。凡木盛多仁。而仁者壽。故文章道德。老而彌篤。爲時景仰。當庚午辛未。火土相生。監督稅政。壬運合丁。阻遏秀氣非佳。六七入戌運。光明大顯。當有一番盛況。今年甲戌。應見吉過。

孔昭來 文叔

癸巳 乙卯 甲子 丙寅

二五壬子 三五辛亥 四五庚戌

甲子日元。逢丙寅時。理以木火通明論。以丙火食神爲用。日祿居時。沒官星號青雲得路。爲歸祿格。又癸祿子。乙祿卯。甲祿寅。丙祿巳。四柱換祿。爲交祿格。身坐印綬。丙火生旺。故多才技。書畫篆刻。稱絕一時。劫才居提。才豐而財嗇。身坐咸池雅多閑情。壬子運。丁卯戊辰流年。任晉軍機要。升秘書處長。兼衛戍司令部秘書長。己巳年。日主合太歲。晦氣煞爲患。左遷綏省政府函電處長。辛未壬申。煞印相生。任晉省府鄉督辦公署秘書長。丙火文星獨秀。篆刻必傳。運至庚戌。大有一出風塵便不凡之概。吾將拭目俟之。

鄭毓秀

癸巳　二九己未
丙辰　三九庚申
甲戌　四九辛酉
甲戌

中國以婦女而任法官者此爲第一人。由友人處得其命造。亟披覽之。以供研求。甲戌日時同宮。爲文庫。丙火帶祿爲文昌。爲天廚食祿。月提丙辰。冲開甲戌文庫。辰戌魁罡。主兵刑權操。故以女子而參政治。聲譽振一時。以正五行論。甲木輕癸水爲福。透比見印爲吉。丙火明透而帶祿。地支土厚財旺。食神生財。洩氣殊甚。故用神則取癸水。未運。日元得貴。而任法官。四十歲。庚運方交足。七煞入運。食神制之。應主權位日隆。所惜壬申流年。壬水梟神護煞而奪食。風波忽生。今年甲戌三見。太歲壓年。倘非其時。明年乙亥年。羊刃合煞。當有轉機。

徐箴

己亥 二九己巳
壬申 三九戊辰
甲戌
己巳

甲木生於處暑後十一日。金旺木衰。幸壬水作印。亥爲長生。以生以扶。日元賴以自存。甲戌日逢己巳時。原屬金神格。爲亥所冲。格局破損。惟以月提七煞爲用。乃煞印格也。主功名顯達。而有權操。甲戌爲文庫。更會學堂驛馬文昌。故文章華國。書滿於時。午火運吉。微嫌洩氣。己巳運十年。漸躋通顯。遂步佳勝。戊辰運。運化無形。象成勾陳。必有一番建樹。流年甲戌。太歲壓年伏吟。隨緣樂俗。平爲福。乙亥年冲動驛馬。另有發展。丙子丁丑戊寅三年。强台直上。爲時推重。

趙雲中 雁秋

癸巳　二二己未
壬戌　三二戊午
甲申　四二丁巳
丙寅

甲木日主。生寒露節後。戊土當令。逢寅時。歸祿幫身。戌土月建。雜氣取財。地支寅申巳。三刑用財。故歷秉財權。爲三刑得用格。三刑得用。必主重權。丙火獨秀。原爲吉徵。惜爲壬水所傷。演梟神奪食之象。幸戊土得氣。暗相遙制。且丙非用神。尚無大害。不然夭壽矣。三十二歲戊午運。戊辰流年。二戌合癸去壬。任崇關左右翼總辦。己巳年火土交旺。任張多關監督。庚午調崇關監督。秋季罷職。抑居無聊。付斷以四二入丁運。合壬去病。境遇尚有佳況。有前度劉郎今又來之概。

程豔秋

癸卯　二十壬戌
甲子

甲午　三十辛酉
癸酉　四十庚申

兩干不雜。四仲皆備。約音四金。時逢酉金旺地。是爲致一凝神格。冬至木一陽氣轉。理取午火傷官爲用。月提在子。桃花作印。子午卯酉原爲咸池皆備。又爲遍野桃花。古詩云。錯亂咸池藝術人。休囚遇鬼最爲眞。日主衰弱。時遇酉金官星。即應以鬼論。印主藝術才智。傷官主聰明秀氣。兩干不雜利名齊。綜合而斷。其以藝業成名。自由命定。與梅畹華造。同一取斷。五行缺土。戊運最佳。名利皆備。辛酉十年。成名致富。庚申一運幸天干原有印綬。尚可無害。流年甲戌吉順無疵。乙亥年平。丙子丁丑戊寅三年。皆可得意。致富名獲鉅貲也。

閻錫山

癸未　三十戊午
辛酉　四十丁巳
乙酉　五十丙辰
丁亥

乙木生於仲秋得。年時亥未。暗遙卯祿合木局以帮身。日元不弱。辛金帶祿。煞星得令。以時上丁火制煞爲福。所惜年上癸水傷丁。護煞爲忌。如有人才局不凡。大顯在即。願見制於親屬。不能脫然遠翔。所以此公局促晋省。不能大成者。實受一癸字之病也。至三十歲以來運行南方。位望日隆。五十歲入丙辰運。化去明煞。安居養望。建設山西。至丙子丁丑戊寅等年。尚有一番功業。二十年來。權位不變者。僅此公一人。眞厚福也。

商 震

戊子
辛酉
乙未
丙子

三六乙丑
四六丙寅

乙坐未庫自旺。月提辛酉七煞帶祿。丙子時。丙辛化權。所謂丙合辛生鎮掌威權之職是也。月日之間夾拱申貴。年時二子貴人雙包。格局不凡。惟日元坐庫自困。丑運一冲而起。歷秉軍政要職。現運入丙。二丙爭辛。說觀有人。五一人寅。沖起暗貴。且爲丙之長生。辛之貴人。皆有一番崢況。流年甲戌。自助助人。相需成川。際遇甚佳。丙子丁丑之間。時勢英雄互相倚重之時。功績不凡也。

戢翼翹

乙酉
己卯
乙酉
乙酉

三九乙亥
四九甲戌

乙木跨鳳三見。得祿於卯。妙在得時。不以沖祿論。乃龍鳳三台格也。八字純陰。三位同辰。身强煞衆。其力相等。可以身煞兩停論。納音三水一土。川土爲煞，格局整齊。乙亥一運最吉。化煞爲權兵權獨攬。甲運另是一番新氣象。攀霄凌雲。行即見之。甲戌乙亥兩年。勳業高貴。功績冠時。

張九卿

乙亥　　四三戊寅
癸未　　五三丁丑
乙亥　　六三丙子
辛巳

年月日時胎。同出於甲戌一旬。妙選云。一旬三位四位。爲公爲卿。良以一旬同出。其用切。其情專。如聚族而居。其痛癢相關之切。究勝於外人也。乙木生於小暑節後。丁火主事。理取時煞爲用。以當令之丁火。暗相統制。極爲得用。而以癸水尅丁。洩辛爲禍。本主同辰。八字純陰。日時五星揖拱。格局極佳。惟日時三命並冲。風波時起爲不足耳。戊寅一運最佳。丁丑運漸次不純。得失不一。流年甲戌。應見佳況。乙亥年本十三會。與時冲激。應加珍重耳。

何玉芳

乙酉　　四三壬午
丁亥

乙亥
丁亥　五三巳的

本主乙木同干。月時丁火同干。日元天德乘馬。八字純陰。格局極佳。細繹四柱。乙木冬生。地支三亥一酉。雖見丁火。而丁亥干支自合。爲用不專。古詩有云。乙木根荄種得深。只宜陽土不宜陰。漂浮最怕多逢水。尅斷何須苦用金。觀此則亥多爲忌。四柱無些微之土。何所取貴。思之又久。始悟其微妙之點。蓋年月日時爲乙丁乙丁。其中三夾丙火年月乙酉丁亥。中藏丙戌。爲火土之庫。是則天元兩戌乙丙丁三奇。三逢亥水天門貴人。三奇登天門。更逢酉貴。乙得丙戌。寒葩吐豔。發其幽姿。胎元戊寅。命宮在未。均爲火土之地。得其外助。乙木於是能勝寒水。是乃病重藥重之論也。壬午一運。壬水合丁。正印明見。而行於午地。乙木至午。長生文昌之論同宮。木火同明。水木火遞生。氣機疏暢。所以日見升騰。流年甲戌。虛拱塡實。春夏吉。而秋冬似應加以愼重爲福，明年乙亥。太歲伏吟。再見驛馬。紳爲動機。能但守方吉耳。

朱光華

癸巳　　二六庚申
癸亥　　三六己未
乙丑　　四六戊午
癸未

小雪節後。壬水當令。天元三癸。地支四沖。正五行似無足取。殊不知巳未夾午。日時夾子。巳丑遙酉。亥未遙卯。乃虛遙四正之論。年日拱寅卯辰。東方木氣。月時拱申酉戌。西方金氣。是乃地支十二位之氣俱備。蔚為大格。正乃珞琭子所謂見不見之形也。運行己未。尅去癸水。立見升騰。戊午一運。脊峰造極。應專方面之權。今年流年固佳。秋冬畧見崎嶇。然財固旺。乙亥年恐有遷轉。丙子年大利。

杜月笙

戊子　　四五乙丑
庚申　　五五丙寅
乙丑

壬午

乙木日主。生於初秋。坐丑爲官庫。庚申月提。官星帶祿。爲丑所困。時逢壬午。印綬文昌同宮。故聲譽滿全國。爲時推重。初秋庚金其力本微。子申化水。盜洩金氣。官星之力愈輕。故名重而實難副。以在野之身。贊襄政局。亦固其所。然印旺逢財。大富可期耳。現行乙丑運。運遇伏吟。又爲運會元辰。長才無可用。固守自安平。丙運。財印護官。應得要職。而持重柄。極利發展。近年流年。平安即是福耳。

將灤塵

戊戌　二三戊辰
乙丑　三三己巳
乙未　四三庚午
庚辰

大寒後七日。己土當權。支全辰戌丑未。四墓並沖。年時魁罡重逢。月提乙丑爲武庫。故以軍職起家。但日主弱。而財官太重。力不能勝。雖貴大志而未能大展也。辰運木之餘氣助身。且爲財庫頗有所獲。己運財重身柔鬱鬱不得志。巳運傷官洩氣。仍在可爲不可爲之間。庚運二庚二乙皆合化。勃然而興。際遇非常。午運亦可爲。流年甲戌三奇助身。地支冲起宜進步。應有巧遇奇逢。乙亥年三乙比扶。自然利達。

胡漢民

己卯
丙子
丙寅
丁酉

四一辛未
五一庚午

丙寅日元。晝生爲日升暘谷。月提在子。官星得令。地支三正合局。身坐學堂。天元比刦並見。火比有燄。光被四野。理取正官爲用。故一生守正不阿。動必有道。文章華國。譽滿中西。在外格爲虎臥鳳闕。惟比刦重者。得意即伏失意。卯酉一冲。子息虧損。現行庚運。偏財逢比刦。多動多失。心與願違。今年甲戌。平安即是福。明年乙亥尚可。丙子年。子冲午。而午冲子。四仲俱傷。恐非佳徵。

黃郭

庚辰　　四九甲申
己卯　　五九乙酉
丙申
戊戌

丙生卯月。原爲敗地。四柱土金交洩。日主倍弱。妙在卯戌化火扶身。辰申之間暗夾巳午未。南方全氣托根。設無戌之合卯。則卯居申辰之間。自不能拱起南方火氣。造化之妙。即在於此。申戌之間尚藏酉金財貴。卯冲而動。冲處則起。亦極得用。是皆超以象外。得其支中之妙也。現行申運。庚金祿旺。偏財伏焉。主動而多勞。故力肩北方重任。甲戌年。三奇成局。春台直上。但戌辰環冲。防有波折。乙亥年妙不可言。

陳立夫

庚子　　二六丁亥
甲申　　三六戊子
丙寅

戊戌　　　　　　　　四六己丑

八字純陽。三奇得垣。年月會水局。而遙庚辰。日時會火局。而遙甲午。庚辰見戊戌。爲魁罡重疊。子年虛遙午火爲拱端門。月日時。僅藏乙丙丁三奇。年月水而日時火。旣濟成象。地支明暗合冲並見。驛馬齊發。滿盤飛舞。天干庚丙戊合成巳字。乃丙火祿堂。是爲天祿。全局貴氣聚集。誠屬罕觀。宜其靑年駿發。爲黨國要人也。以正五行取子中半局之七煞爲用。身强煞淺。而力有不足。故入亥運。煞星坐實而見吉。丙子亥宮爲日照天門。所謂日丙火而逢亥。麗於中天。文明四海是也。戌運土厚晦火。不無滯晦不明。子運却佳。甲戌流年。冲起晦辰。官星變化。應見吉。乙亥年。尤利。

陳紹寬

己丑　　　　　　　　四十己巳
癸酉　　　　　　　　五十戊辰
丙辰

庚寅

丙火日元。生於秋分節末。辛金司權。四柱土金交旺。日支坐辰而逢寅時。暗夾卯木。東方之木氣托根。理以火土傷官用財論。月干明透官星。爲巳土所尅。傷官傷盡。地支丑酉遙巳火風門。辰寅夾卯木雷門。是乃印祿暗扶。得助力於無形。辰龍寅虎。夾拱風雷。非大格無此氣象。由庚午運始逐步升騰。午運傷官逢刃。際遇非常。己運原不佳。而大運地支在巳。祿助身旺。反尅化吉。則大運須按十年推斷。今又得一解。流年甲戌。冲開辰庫。放出癸水。八九月間。恐見變化。明年乙亥年。正印扶身。日耀天門。進步得慶。丙子尤吉。

毛炳文

辛卯
丙申　三七壬辰
丙戌　四七辛卯
庚寅

此造須以六壬移換法推演方合。日元之丙尅庚金。而移於寅宮生地。是爲丙寅。而月提之丙爲辛合去。日支之卯爲歲支之戌合去。而庚金自移空位之中上。是爲庚申。如是則爲辛卯丙戌天地六合。庚申丙寅。偏財帶祿。爲日主所專。是爲偏財格也。由丙戌至辛卯。暗藏丁亥戊子己丑庚寅四位。是爲四位包藏。由庚申至丙寅暗夾五位。是爲拱揖五星。說見妙選。而日申戌夾酉金正財天乙關門。戌寅遙午刃。均爲特點。寅申沖而驛馬齊發。故運至壬辰。煞星明透。沖開庫地。總師干而執軍衡。權位日隆。今年甲戌。印綬扶身。辰寅環沖。未見平靜。明年乙亥。平步青雲。

陳調元

丙戌　　三八癸卯
己亥　　四八甲寅
丙子
壬辰

丙戌壬辰魁罡夾拱。丙子日而月臨巳亥。煞星得權乘旺。壬水透出。巳土制煞。所妙者年干丙火幇身。以扶傷而制煞。地支戌辰土氣亦厚。與煞力相當。制伏合宜。所以為貴。五行金水並缺。煞無根而土無傷。亦屬要點。凡魁罡傷煞交重之造。類多主兵刑之權。機謀深遠。洞明利害。故能為時推重。卯運正印扶身故吉。甲運梟合傷。環境一變。今年甲戌。地支互沖。或有遷調之事。夏秋見之。乙亥年尚吉。權位兩顯。

魏宗瀚

辛巳
戊戌
丙子　五一壬辰
癸巳

丙子日元。月提戊戌。戌魁罡當權。時透正官帶祿。格局不凡。顧土厚晦火無光。合官為病。甲午一運。尅去戊土。病藥相當。位至師長。五十一歲行壬運。合官留煞顯威權。再起任軍分會委員。明年甲戌。甲木去戊土。官星顯露。當有榮任要職之喜。乙亥年身名並吉。可謂晚運亨通矣。

曾廣勳

丙戌　三六甲午
庚寅　四六乙未
丙午　五六丙申
丁酉

天干丙丙丁三見。地支寅午戌三合火局。乃炎上格也。此類格局。須取生旺。取業衆。愈強而愈妙。故午運最利。庚午年。三午聚刃。普通看法。當為險境。殊不知既取純一之象。則愈旺而愈得意。故壬申年。一遭沖擊。立現敗徵。乙未運。均在可為不可為之間。丙運必有佳況。惟乙亥年。當有得意之事。五行洪範純格。惟炎上格不能取用。只能助旺。蓋投金則銷鎔。見水則烟焰直起。添木則化灰。遇土則晦光。惟有以火助火。附其光燄而已

李潤之

庚午
戊寅　四五癸未

丙戌 五五甲申
戊戌 六五乙酉

丙火日元。生於雨水節日。地支寅午戌合火局。天干二戊一庚。八字純陽。五行缺水。始看似燥。細思則不然。蓋北方生人。初春天時尚寒。正與珞祿子冬逢炎熱之論相合。乃五行炎上格也。以戊土食神生財爲用。食神爲壽星爲爵星。故主貴而富。納音年月日三土。時逢一木。寅月爲木之旺方。土之生宮。體用並得生旺。四柱各占一旬。誠明篤厚。今之君子也。以往之運由。辛巳始歷壬午癸未皆吉。身名並許榮泰。甲申運環境稍見變態。隨遇而安。達人能之。六十五入乙酉運老來蔗境。福壽兩齊。大限至戌運。開八帙而後止。

遲樾波

丁亥 三五戊戌
壬寅 四五丁酉
丙辰

戊戌　　五五丙申

丁亥壬寅天地德合。在一旬中。春生均化水。牢不可破。木乃火之印。化印扶身。日時魁罡。皆爲權象。主一生有權。常居上位。戊生於寅。取之爲用。體用均生旺。蓄深播遠。前途開闊。成績偉大。而且木主天月二德扶持。尤爲多樂少憂之徵。現行丁酉運。繼之以丙申。食神格喜比刦。喜財鄉。當然屬順利前程。名利並懋也。乙未運仍復不惡。

羅文幹

己丑
戊辰　　四二癸亥
丁巳　　五二壬戌
庚戌

以正五行論。丁巳日元自旺。月提戊辰。火土傷官用財格也。實際戊辰庚戌重疊。乃魁罡格也。此格成局。必長兵刑重任。故此公歷長法曹。兼膺折衝樽俎之任。亦賦命自定耳。前運均佳。惟亥運卸甲轉角。冲身坐。均非安吉。流年甲戌。天干會三奇。歲運全冲。奇禍奇福。唯人自趣。乙亥年。歲運併臨。梯山航海當有遠行。

王揖堂

戊寅　四一丙寅
辛酉　五一丁卯
丁己　六一戊辰
丁未

丁己日。丁未時。夾拱午火。是爲金匱藏珠格。日時成南離一氣。丁火乘之。日元强健。月提辛酉。偏財帶祿。文昌。貴人。長生。彙聚一宮。太歲戊寅。傷官帶印綬。而且丁火得拱祿。戊祿在己。辛祿酉。是爲互祿格戊貴在未。丁貴在酉。辛貴在寅。是爲羅紋交貴格。又爲滿路異香。以正五行論。歲支寅木。爲本命之根源。扶身扶祿。傷官居於歲首。五行無點滴之水。傷官傷盡。文昌當權。文章政事。炳曜於時。長歌短行。妙絕當世。必有傳焉。丁運。偏財忌比衆。韜光自佳。卯運。冲起酉貴。重登政台。甲戌流年。春夏吉。而秋冬平。次年乙亥。貴人登天門。冲中逢合。

强台直上。必握政權。

朱慶瀾

甲戌
丁卯
丁卯
癸卯

四九壬申
五九癸酉

地支三卯反沖酉金財貴爲用。是爲沖財格。納音三火一金。熒鑠爲病。縱火多則助焰增光。發越極速。早歲顯達。以正五行論。取時上癸水七煞爲用。惟木盛洩煞。身强煞淺。四言獨步云。時煞無根。煞旺取貴。故大運逢庚。資煞破印。辛運偏財助煞。屢秉軍政重柄。現行癸運。煞輕逢助。主持賑務。資望非常。德澤被羣黎。酉運沖財塡實。欠吉。

袁良

癸未
癸亥
丁巳

四一戊午
五一丁巳

丙午　六一丙辰

丁火日元。生於初冬。癸水重疊進氣。通根於亥。煞星極强。生時逢午火。歸祿幫身。地支巳午未南方一氣。時干透丙火。陽以助陰。非以劫論。日元得此扶助。化弱爲强。足以勝七煞之尅制。全造唯水火兩象。乃水火既濟之格也。經云火旺得水。以成既濟之功。又爲朱雀乘風格。古詩云。朱雀乘風是丙丁。如逢金水便崢嶸是也。丁火逢亥水。爲胞胎印綬。亥未半局作印。化煞爲權。爲火之根源尤佳。貴基於此。午運祿地重逢。流年金水。身煞兩旺。極爲顯達。丁運比肩助旺。與午運無殊。甲戌年設施如志。大展懷抱。乙亥流年。貴人重逢登天門。竿頭再進。必然榮任要職。

李世甲

甲午　三三壬申
戊辰　四三癸酉
丁酉　五三甲戌
甲辰

甲辰　　五三甲戌

丁火日元。生於穀雨後六日。戊土司權。乃火土眞傷官格也。時當陽盛陰衰。日元無氣。戊土交洩弱極矣。天干兩見甲木印綬。歲支逢午祿通根。以生以扶。化無力爲有力。病重得藥。巳爲貴徵。而丁酉爲日貴。文昌。長生。天乙。偏財。彙集一宮。秀氣獨鍾。月時戊辰甲辰。天罡拱日主。氣象堂皇。尤不易覯。而本主午酉。逢辰龍月時。是乃馬化龍駒奔鳳闕格。妙選云。馬化龍駒奔鳳闕。器業崢嶸是也。運行壬水。傷官見官。火土傷官忌見官。惟其忌也。始見其奇。甲木印綬護官制傷。印功大顯。立見騰達。中運聯辰化煞。官星尤顯。有專權之象。今年甲戌。冲開官庫。必見活動。乙亥丙子兩年。應專一部之權。又無疑義者。

薛篤弼

庚寅　　三十辛巳
戊寅　　四十壬未
丁巳　　五十癸未

乙巳

日元逢天德。多樂少憂。甲戊庚三奇缺甲。而甲木進氣。寅爲甲祿。乙丙丁三奇缺丙。而巳爲丙祿。雖缺而實足。彙成兩三奇之局。命格之奇。無以復加。正五行爲火土眞傷官格。天下戊土明透。地支二寅二巳。爲之長生。爲之祿堂。則爲火土毓秀之格。但皆皮相之論。實則乃冲官格也。蓋本命日時胎。三層巳火。反冲亥水。爲丁火之正官。之天乙。乙丙丁三奇之天門貴人。尤妙者。冲出亥水。而年月之寅。合之縮之。貴氣不致走失。所以取貴。以前大運。以辛巳運之巳火爲最佳。巳愈多。而反冲愈眞。其氣愈重。而愈得力。此運由甲子年始交。官星日新月異。步步增勝。至己巳年而造極。位至部長。四十一歲換壬運。官星明透。則爲冲官塡實。雖不謙退而不可得也。巳多而吉。見官反否。足爲冲官格之證明。

王懋功

辛卯　　三三甲午

戊戌　　四三癸巳

丁丑
已酉　　　　五三壬辰

是乃火土傷官用財格也。四柱土金重疊。帶祿乘旺。極其得時得地。但日元微弱。不能相勝。甲木正印入運。傷官逢印爲權象。戊戌魁罡。故曾任軍職。位至通顯。午運爲祿堂旺地。逢祿喜財而有財。十有九富。故轉調交通界而任正太局長。且此造辛金財祿居時。文昌天乙同宮。主晚年大富。而享盛名。今年入癸運。傷官合煞。另有境界。仍爲兵刑之任。權位皆可觀。今年流年甲戌。正印扶身。尚爲得時。明年乙亥。驛馬暗動。或有調遷耳。

胡適 適之

辛卯　　二三丁酉
庚子　　三三丙申
丁丑　　四三乙未
丁未　　五三甲午

丁火生於大雪後十日。煞重身輕。財復黨煞。設非時逢丁未。將何以自存。用取此肩。助身拒財。偕當七煞。日元得以自立。子丑逢卯。中藏寅木正印。卯未半局。虛逢亥水天門貴人。復爲胞胎印綬。寅亥六合。化木仍爲印星。暗印扶身。得力於無形。故能利用時機以成名。得於外助者綦重。丁酉一運。助旺增光。文昌長生入運。文光射斗。早負盛名。丙申一運。仍吉。陽以助陰。用得其道。現行乙未運。是乃五行正印。妙不可言。三十年旺運。堪爲文章吐氣。擲地作金聲。豈虛語哉。凡煞重身輕。得印綬調護於其中者。多主才智軼羣。文章藝能。必有專長也。

楊允皙 介執

己丑　二八戊辰
辛未　三八丁卯
丁未　四八丙寅
庚子

丁火生於季夏。土旺金生。丁火坐未。本宮自强。是乃食神生財之格。千里馬云。火長夏天金疊疊。祿享千鍾。庚辛並透。通根於丑庫。日時氣轉西方。三伏生寒。金水日旺。明財得用。故歷長財權。性慷慨。好施予。戊辰春。在潘磐航總理宅。以命理爲介。頗承佳睨。彼時方入丁運。曾言爭財非純。未幾時即棄官言商。近年經營鹽業。聞收入尚佳。現在卯運。大純小疵。丙寅一運。又一境界矣。甲戌年得失參半。乙亥丙子年。官星大旺。乘時邁往。脫却藍衫換紫衣。權位兩顯矣。

靳雲鵬

辛巳　　三三丁亥
辛卯　　四三丙戌
丁未　　五三乙酉
庚戌

年命在巳。亥爲帝闕。卯未半木局。暗遙亥水帝闕。且爲丁火天門貴人。胞胎印綬。辛巳辛卯。拱壬辰天罡。庚戌時爲天魁。一明一暗相助成格。是皆從象外得用。非大格無此氣象。以正五行論。身弱財多。用取印綬。故丁亥及丙火三運。幫身助旺。權威振一時。戌運扶中帶洩。己非所宜。

現入乙運。印綬透天。地位自佳。常有際會。流年甲戌至己卯均屬利達之境。尚屬得時也。

何文基仲公

辛丑　　二七辛卯
甲午　　三七庚寅
丁丑　　四七己丑
丁未

丁火日元。生於夏至後六天。一陰復生。金水得氣。於時己土當權。食神主事。月提雖在午爲建祿。與夏至前之建祿不可同日而語也。己土旣盛。自可生金。理以食神生財論。天干明透辛金。地支兩逢丑庫。財氣通根。深可倚恃。偏財爲父。正印爲母。家世旣盛。祖德尤厚。八字純陰。食神得令。氣厚性平。明達多才。宜政界財權頗重。簡任可躋。辛運甚佳。卯運梟神爲本命所忌。故未能如志。三十七歲入庚運。誠乃得意之秋也。財權兩盛。名利雙收。功績誠屬不凡。由戊寅年起逐步佳勝。美不勝收。庚辰辛巳年。必握政權。寅運平吉無疵。己丑十年。名重於時。爲世景仰矣。

張聿莊 幼權

庚寅　　二七乙酉
壬午　　三七丙戌
丁卯　　四七丁亥
癸卯

丁生芒種節後。是爲建祿格。天干庚壬癸財官煞並透。丁壬合而不化。以官助煞爲用。蓋癸水暗帶戊土。以制壬水正官。大凡五陽干官能制煞。五陰干煞可制官。是即無合有合之論。況本命火氣炎炎。端須金水以救其偏枯之氣。故深合建祿生提月。財官喜透天之論。惟地支純爲木火。無金水之根氣。行運助財。必然通達。故中乙酉三運皆吉。財官兩利。丙戌十年。剋制太重。未克大展。丁亥戊三運。自有一番盛況。官星榮泰。流年甲戌平安即是福。乙亥年應許得意。丙子年戒愼防失。自免意外。

梅蘭芳

甲午　二六丁丑
甲戌　三六戊寅
丁酉　四六己卯
癸卯

丁酉日主。象取燈光。得癸卯時。以相生發。有剔燄播紅之象。癸水反照。其光倍明。惟嫌年月二甲。午戌半局。似助而實奪。蓋虛靈之體。大忌烟炎迷蒙也。月空日。而煞臨衰。甲多洩癸。煞星無力。四柱咸池桃花多見。日元坐偏財。其爲伶而多財。自由命定。書云。錯亂咸池藝術人。休囚帶鬼最爲眞。空亡生旺心偏巧。能武能文泣鬼神。桃花帶煞多性巧。更主風流貌玉華。性急又兼多術藝。是非林裏反成家。二詩不啻爲之寫照。丁運添光。丑運助煞。故成名致富。三十六歲入戊運。合去癸水。用神化比。財日多而聲華日落。明年入寅運三合火局。火勢冲天。無復花嬌玉柔之妙。惟多財善賈。當可以財稱雄。爲時推重也。

汪精衛

癸未
丙辰
戊申
丁巳

三十癸丑
四十壬子
五十辛亥

右汪院長造。戊申日丁巳時。四柱無官星。經云。日時歸祿沒官星。號青雲得路。是乃歸祿格之眞者。天元戊癸化火見丙丁。天干盡成火象。地支巳未夾午。南離托根。亦可以從化論。申辰遙子半水局。火重水輕。既濟未成。故大運壬子十年。補水之不足。逐漸得意。子運尤佳。其間有微理存焉。蓋巳未夾午刃。申辰遙子財。是乃虛拱兩極之說。實則子午冲刃。故子運之前。屢蹈危機。吉中伏否。即水火激戰。冲刃之故。子運三合成局。貪合忘冲。崎嶇既盡。康莊任行。而且水火兩停既濟施功矣。辛運仍屬佳境。火炎非水不可。丙辛化水故吉。去冬曾斷以局面如故。設施一新。（見全民報）未久閩變平夷。中會開幕。政局穩固。余言盡應。今年仍屬有爲之時也。明年乙亥冲動歸祿。或見動機。

萬福麟

辛巳　　四一丙申
辛丑　　五一乙未
戊申
壬子

戊土生於小寒後一日。子水當令。日元居申。通根年祿。日元不弱。天干二辛並透。地支巳丑引辛成金局。日時遙辰而合水局。而一壬透出。以正格取土金傷用財格也。然此類格局多主富重貴輕。此則持軍權。主征伐。必有貴徵在也。細察四柱。則年月辛巳辛丑之間。夾拱寅卯辰東方一片秀氣。於日主爲官星。冬至陽生。木氣日旺。明爲傷官傷盡。暗爲官星進氣。盈虛表裏之間。各得其用。日時會財。以貴始而以富終也。丙丁兩運。傷官逢印。權威並重。五一入乙未運。傷官見官。幸得壬水化解。蓋有財可以見官也。未運吉。甲戌官旺。乙亥有波瀾。丙子丁丑。當有偉績也。

方本仁

庚辰
辛巳
戊戌
丁巳

四九丙戌
五九丁亥

本主庚辰戊戌，乃魁罡格也。此格只四位。乃庚辰壬辰戊戌庚戌是也。最喜疊位重逢。經云。魁罡聚衆。發福非常。故本主重見入格。見財官禍敗。日元健旺。庚辛並透洩漏菁英。才華冠時。文章振發。志果堅決。秉權好殺。故歷秉軍權。開府三楚。運行西方。最結美滿。現巳入戌運。流年雖在西方。而壬申癸酉則透財。甲戌乙亥則透官。均非所宜。且流年甲戌。會成三戌。以冲年位之辰。經云。三戌冲辰禍不淺。持盈保泰。是在哲人之識機耳。

馬占山

乙酉

三七甲廿

戊子
戊午
甲寅

四七癸未
五七壬午

近由李君者出示此造。囑推斷其運會。戊土日元。生於冬至節後。氣轉鴻鈞。身坐午刃。逢寅時。爲寒谷回春格。天元見比。坐刃身强。時煞帶祿。寅午半火局。化煞爲權。經云。以煞化權者。定顯寒門之貴客。煞刃成局。權威並著。子水冲刃。歷經險阻而成名。格局純粹。氣象發揚。光明磊落。性格剛强。納音二水二火。旣濟成象。尤屬特點。四七入癸運。財資七煞凶吉。二戊爭癸。則處境多難。壬申年。日犯歲君而寅申冲。幸而有解。猶歷盡艱辛而返國。癸酉年。二戊二癸並合。陽從陰化。宜其息影津門。今年甲戌。甲乙木凡三見。官煞相混。春季即見虛驚。地支三合成局。火氣太盛。焚木焦土。宜養晦待時。五十二歲換木運。立馬高山。功名蓋世。

鮑毓麟

丁酉
乙巳
戊子
壬子

二九壬寅
三九辛丑

納音三火一木。火明木秀。夏生得時爲吉。戊土建祿。日元強健。天元財官並透。地支子水正財兩見。獨步云。建祿生提月。財官喜透天。與定律相合。尤妙者酉巳半金局。金水相生。而財星得根源。明透正官而支藏傷官。故綰兵符。壬寅一運助財助官。成名顯達。去歲戊癸合太歲故晦。而有遷調。辛金運。傷官明透。有印獲官。有財化傷。應卜勳華日盛。

郭淇清

戊子
戊午
戊午
丙辰

二五辛酉
三五壬戌
四五癸亥

戊土生於午月。身強刃旺。火炎土燥。非水無功。年時子辰半水局。暗逢申金將星。救其偏枯之氣。成既濟之功。願子爲二午反冲逃之於辰。辰爲水庫。象類泉源。不但午不能冲。而且水之功取用不竭。更得胎元之酉金。以資策應。病而得藥。所以爲貴。庚申辛酉運。處境平易安和。壬運而任師長。火炎土燥。得水潤澤。補用神之不足。故即時通顯。但比肩重而爭財。歷盡風波危險。戌運調閑職。且病神惠臨。冲辰破其水源之故。癸亥十年尚有佳況。惟今年流年。實爲逆境耳。平安渡過。乙亥年當再起。丙子又爲險境也。

孔雅齋

己亥　二十辛未
癸酉　三十庚午
戊申
甲寅　四十己巳

年時德合。月日六合。時當仲秋之末。金旺洩土。火氣失時。故合而不化。申酉連枝。時煞帶祿。理以土金傷官制煞論。日主衰弱。傷煞交相洩制。用己刃合煞。扶持日主。所謂煞刃相成之格也。八字三逢六合。故祿法極佳。步步春風。多得人和之助。日主力弱。雖爲軍旅出身。而僅參戎幕。迄未持軍柄。未運助身助刃。且爲天乙貴。故五年得意。庚運盜洩眞氣。而且制煞太過。然會三奇。機緣甚佳。而臥病三年。瀕於危險者數矣。現即入午運。行於旺鄉。必然大展抱負。建樹偉績。而持重權。四十入己巳運。登峯造極。而勳施爛焉。流年甲戌。扶身助煞。初春即任某軍少將參謀。命數之驗。有如此者。乙亥尙非其時。丙子防意外之險。丁丑始直至癸未年。攸往咸宜。必大得志。

忤祖望

丙寅　　二四己亥
丙申　　三四庚子
戊子　　四四辛丑
庚申　　五四壬寅

戊土秋生逢庚申時。爲專食合祿格。惟年月兩見丙火梟神破格。但亦不盡然。年月日納音三火。時上納音木。以木生火。寅爲長生。火之根苗。實有年時相成之象。而且二甲夾子遙辰土化水局。食神生財。金水既旺。火非甚忌。祖德根基既厚。並且聰秀異常。大運一氣金水。設四柱無火。反感寒薄之病。本命之關鍵。即在於此。由二十四歲入己運。化丙火生庚金。鋒鋩漸現。亥運合寅不冲申。爲水之旺方。金水相生。樹之風聲。政界己有地位。至庚子運爲尤佳。榮達通顯時也。辛運丙辛戀合。則不害庚。爲平生得意之境。丑運合子漸不達矣。

顧維鈞

丁亥
癸丑
己亥
戊辰

三八己酉
四八戊申

巳土乘旺。日元得時。寒水凝土。逢火爲奇。顧癸水傷丁。得戊土來合。化火以動丁。地支亥子丑一片。歸納於辰。亦賴戊土。作爲堤岸。是全局關鍵統在於戊。殊爲奇特。病重藥重。斯爲貴格。年月日二亥夾丑。中藏兩重子水財貴。主旺用財。合大貴者用財不用富之論。一生福厚而得富妻。生有自來矣。現行酉運。食神文昌同宮。譽盛全球。流年甲戌。與時上戊辰冲尅。火旺之月或有不安。乙亥丙子丁亥流年。權位日隆。應主部政。但戊土大運。二戊爭癸欠平。惟流年尚吉。

馮玉祥

壬午
庚戌
己酉
庚午

五一丙辰

己土作酉。生於戌月。主健爲强。月時庚金兩見。歸祿於午。以四柱不見一點官星爲奇。經云。日歸時沒官星號青雲得路。年干見壬財爲吉。理以歸祿傷官逢財爲福。經云。歸祿有財方論福是也。自坐學堂。菁華內歛。土主厚重。金多主義。故一生樸野不文。律身馭下嚴肅。亦賦命使然也。

顧午酉自刑。傷官太重。得失倚伏無常。病即在此。現行丙運。養望待時。歲運相合。時會所趨。亦國之重鎮也。

朱光沐

丁酉　二二癸卯
丙午　三二壬寅
己亥　四二辛丑
己巳

己土生於小滿節後。建祿居提。日元剛健。天元比印並透。地支巳酉半金局。以土扶日支亥水。始可救濟火土偏枯之氣。蓋九夏之土象類稼穡。須日晅兩潤。由秀而實。故內癸兩需。無癸用壬。（亥中藏壬）灌漑亦可濟物。但用壬須源泉。須見庚辛申酉方吉。此局以酉生亥。源遠流長。巳亥干支自合。巳亥冲驛馬發動。大運一路水木。宜其青年驟發。成就不凡也。癸卯運最吉。壬運名滿。寅運木生火旺。求全有悔。四十二歲辛丑十年。英雄時勢。互相需要。必有建樹。甲戌年。官星引出。爲火所焚。始吉終否。乙亥年。前程駿邁。直上青雲。

王正廷

壬午
戊申
己酉
戊辰

四一癸丑
五一甲寅

乃五行祿稽格也。四柱土厚。地支申酉金氣洩旺。辰時水庫。申辰半水局。金生水而歸庫。四柱缺木。納音二木二土。補其不足。極其整齊。歲德在午。申辰遙子。爲揖拱端門。歲支在午。日時逢辰酉。蘭台妙選有馬化龍駒奔鳳闕。器業崢嶸一格。正與相合。但四柱究嫌水懈。運逢壬子癸丑。逐步升騰。現行中運。貪合忘官。非吉。甲戌年。官星重見。冲開水庫所過甚利。當有動象。三月即見佳訊。秋末尚有問題。乙亥年官煞爭權。恐有波折。丙子年。三合成局財權並茂。

今年三月官星雖未動卽充遠東運何代表向菲島遠行動之義僅由此當之附註

宋子文

甲午　二一戊寅
乙亥　三一己卯
庚辰　四一庚辰
己卯

一旬三位。財印同旬。最爲得用。食神洩秀。財旺身柔。喜印扶身。此局只重在同旬有情。財先印後。合六神篇財逢印以陞遷之論。大運仍在本旬。一片東方秀氣。故取用不絕。流年癸酉。午酉卯互相尅冲。故否。流年甲戌。歲運會成一旬五位。喜逢旬首。決非平凡。當有所藉會聲名矣。四一入庚辰運。魁罡重疊。權位崇隆。流年並佳。但四七庚辰流年。三見魁罡。非脊峰造極。即見否徵。

陳季良

癸未　五一丁巳
壬戌　四一丙辰
庚寅

丁丑

庚金生於白露節後四天。失時就衰。更見癸壬交洩。日主倍弱。妙任辛金尙屬有氣。略可相助。地支丑未戌三刑動庫。土旺進氣。自可生金。遇此生扶。日主自然得力。時上官星逢傷。然金水傷官喜見官。丁壬合而癸亦不能傷也。天干官星既被合去。地支寅戌半局。三刑動庫火氣往來。身坐寅宮丙火煞星。得戌未刑出之火相引發。火土交旺。是乃三刑煞印格也。納音二木二水。爲水繞花堤格。年命癸未。日主庚寅。爲脫體化神格。但見蘭台妙選。大運以巳火爲美。身煞兩旺。爲國宣勞。丙運亦佳。癸酉流年。傷官重逢盜洩太甚。酉刃再刦。應見災咎破耗。甲戌流年。日犯歲君有救。其年反必爲祥。蓋大運在丙。尅庚而護甲故主吉。惟見戊又動三刑。不免震撼不安。辰運。龍歸大海。變化飛騰。美不可言。

王樹常

甲申

癸酉　　四四戊寅

庚辰
丁亥
五四己卯

庚金坐辰爲日德。生於酉月。羊刃當權。丁火官星。自坐天門貴人。爲癸水所傷。而得甲木化解。金水傷官喜見官以丁火正官爲用。貴人頭上戴官星。門盈駟馬。年時甲申丁亥夾拱月日。爲天地包藏。經云。天地包藏神得用。豁達胸襟是也。妙選云。乾坤夷清。設施不苟。亦即此格也。戊運合傷化官原吉。而壬申癸酉流年。其氣不繼。今年甲戌。甲木扶丁火。三奇逢天門。功名建樹。自有不凡。三六月當見佳音。所向如意。寅運驛馬冲合。勳華政績。彪炳一時。而功施爛焉。羣生仰望矣。

何成濬 雪竹

壬午
丙午
庚寅
戊寅

四六辛亥
五六壬子

庚金生於午月五日。夏至節前一天。丙火七煞。氣[illegible]純[illegible]。[illegible]至[illegible]。庚金日主。生於敗地。（沐浴於午）不勝其制鍊。妙得壬水制伏。戊土化解。得以自存。地支二午二寅。支神不雜。雙遙庚戌天魁。而會火局。食先煞後。印綬居時。戊土雖病尅壬。而年時遠隔。力有不逮。此正五行之論也。壬午年命。逢庚寅日主。爲脫體化神。超凡入聖。說見妙選。庚壬戊是乃申金人元。爲庚之祿堂。亦即寅午戌之驛馬。見於天干爲天祿天馬。是爲祿馬交馳。庚壬戊團結成一申字。而寅午合局。干見一丙。象取一金一火。別無他物。純極奇極。煞旺身柔。旺鄉必發。制煞亦發。辛運。羊刃駕煞。歷秉軍政重權。爲國之鎮。亥運壬水得祿。調劑火土之燥烈。聲譽振一時。功績尤盛。甲戌流年三奇登天門。必有佳遇。戌則引煞入墓防失。乃一起一落之象也。乙亥流年。更上層樓。而心有不足。當有不如意事。

丁超五

甲申

三七庚辰

丙子 四七辛巳
庚子 五七壬午
丙戌

庚金生於大雪後十天。子水當令。是乃金水傷官。舊說謂金水傷官喜見官。是亦有不然者。如生於春夏初秋。天時炎熱。用官何爲。余嘗謂五行喜忌無定法。要視其在如何節令。方能審其喜忌耳。是造庚金生於隆冬。水冷金寒。非火則生機息矣。故天干兩見丙火七煞爲福。化陰寒爲和煦。金水傷官喜見官。此時爲正。合格必貴。所少者惟天干一點戊土耳。如全。必專方面之權。以故多名譽之事業。實權略差。現行辛運。羊刃駕煞。際遇尚佳。五二入巳運。身煞兩旺。他位增高。必有一番盛況。今年却佳。

潘復

癸未 三五己未
癸亥 四五戊午
庚戌

戊寅

庚金生於亥月。干透雙癸。金水眞傷官格也。金水傷官喜見官。唯此爲正。蓋金寒水冷。生氣毫無。非火不發。日時寅戌。遙午會火局。運行南離。所以爲貴。尙憶戊辰年四月。先生約走至寓詢以前途。當斷以是年交戊運。二戊二癸相合。秀氣壅塞。流年冲戌。破火局用神。四月己巳。與提綱冲戰。爲驛馬折足之象。必爲動象。但動而不利。猶忌遠行遇險。幸僅至津而未東邁。未遇炸難。現已入午運。官星旺地。扶搖凌霄。爲期當不遠矣。今年甲戌三奇合局。而地支不靖。吉中有否。乙亥年亦非其時。丙子丁丑二年。動華冠時。政祺益懋。

劉一飛

癸巳
戊申
庚寅
甲申

三五丙辰
四五乙卯

庚金日元。建祿當權。地支寅申巳。三刑帶煞。而庚金復秉秋令肅殺之氣。顧身强煞淺。雖假煞爲權。而煞力微。此命極其純粹易斷。運行煞旺地地。立樹威權。運至丙火煞氣透出。疊升軍職。庚午年。煞星持刃。開府察省。辛未年走在察主某稅政。同仁蘇君持此相詢。曾斷以次年壬申。破運動三刑。且丙運將脫。秋季防有劇變。但軍職無碍。次年果調軍會委員流年甲戌另有境界。乙亥年動象。至丙子年。當有驚人功績也。

榮臻

辛卯　二八乙未
戊戌　三八甲午
庚寅　四八癸巳
丙子

庚金生戌坐艮。土旺身强。時煞透干見戊土。似應煞印取用。殊不知丙生戌月。日薄崦嵫。夜生無光。且丙從辛合。怯而無力。地支寅戌雖合半局。子水阻之殊難成用。細參四柱。土重埋金。火焦土燥。其喜水猶急於就火。戊子藏亥。子寅夾丑。因以成亥子[illegible]北方水局。以金水傷官。用財印論。則全局皆通。故未運甲子乙丑流年。以戰功威振一時。現行甲運。破戊土。仍膺要職。今年入午運。三合成局忘冲煞星大旺。局勢將有更易。歲行北方。制煞得宜。功名尚屬不凡。

葉粥亮

壬寅
庚戌　二五癸丑
庚辰　三五甲寅
甲申

庚辰日主。生於霜降前一時。雜氣財官印。取戊土扶身。庚生戌。退氣就衰。最宜幇扶。故取當令之戊土印綬爲福。時逢申爲日祿歸時。青雲得路格。此格喜財。見甲爲合格。庚辰爲魁罡。見庚戌。魁罡重疊。年月寅戌遙午。日時辰申遙子。子午爲南北兩極。爲拱極格。四柱順列爲寅辰申戌。中藏卯酉巳午未。爲五位包藏。而且八字純陽。四柱全冲。故主才華[illegible]

逸。丰神豪邁。機智沈毅。剛敏果決。機雲之後方見此人。二五入癸運。處變脫穎。已使一軍振驚。現行丑運。動極喜靜。逢庫最宜。成績不凡。甲寅十年。指麾則風雲變色。譚笑則鬼神皆驚。

李藻麟

壬辰　二九甲寅
辛亥　三九乙卯
庚午　四九丙辰
庚辰

年命壬辰。時逢庚辰。是爲魁罡重疊。小雪後壬水司權。比刦並透。爲食神格所謂。經云。食神最喜刦財鄉是也。但金水雙清。而失之於寒。喜逢午火。解其陰凝。化爲和煦。是爲水冷金寒愛丙丁之謂也。體用皆備。格爲純粹。應卜權威並著。功名顯耀。甲寅運生扶午火。仕路騰達。聲譽直當時。所惜寅亥合。亥中壬水傷寅宮丙火。暗受傷損。未竟全功。乙卯十年。瑕瑜互見。未能如意。丙運七煞透天。飛黃騰達。克展壯志。流年甲戌乙亥。平安即是福。丙子丁丑。虎尾春冰。危而後安。方見佳遇也。

羅韻珊

甲申　　　　三五壬申
戊辰
庚子　胎元己未　四五癸酉
丙戌　　　　五五甲戌

甲戌庚三奇。申子辰三合成局。是爲鼎足做基格。詳古三命通會六卷。然三奇局逢貴方顯。妙得己未胎元。補其不足。正五行取時煞爲用。但地支成水局。丙火無根。其力不足。故一生才華藻艷。文章名世。脊書之名。稚重於時。趙竹垣酬應筆墨。多爲君代筆。誠不可多得之才也。惟煞淺洩虛。半生事業。盡屬蓮幕生涯。大運又一片金水。宜乎鬱鬱難展也。近數年佐商軍長幕。多所規畫。現入酉運。羊刃扶身。應許得權。五十五入甲運。義君多金。官星轉旺。老來蔗境。堪足預賀也。

馬龍圖 洛書

辛丑　一六己丑
辛卯　二六戊子
庚戌　三六丁亥
丁丑　四六丙戌

庚金生於春分後十二日。木旺金衰。妙得辛刃相扶。地支印庫作根。以生以扶。日主得氣。用取丁火正官。卯戌化火助丁之勢。是乃時上正官格。印刃得用。貴人力厚。前途光坦。成功極易。軍政兩途。權位並顯。戊運梟神明透。暗傷官星。尚利武職。子運先吉後否不純。丁運最佳。官星顯揚。聲華藉甚。亥運平吉。丙運羊刃駕煞。再入軍旅。戌運尚有可爲。流年甲戌乙亥平吉爲福。丙子丁丑戊寅。職權兩顯。攸往咸宜也。

張作相

辛巳　三一丁亥
辛卯　四一丙戌

辛丑
辛卯
五一乙酉

辛生卯月絕地。妙得天元一氣。地支巳丑金局。黨衆幫身。反弱為強。理取月時雙卯。破午煞為用。合元理賦酉破卯。卯破午。財富雙美之格。（一凡取暗冲。虛遙。反擊。等格若眞。無不貴顯。）而且巳卯丑卯之間。風雷夾拱。龍虎承包。（巳為風門卯為雷門虛拱辰龍寅虎）會成寅卯辰一氣。得時當令。蔚為大格。運至丁亥丙戌。總師干。膺福寄。均屬暗午引遙之明徵。運至乙木。偏財怕逢兄弟。滴天髓所謂吉神太露起爭奪之風。故欠佳。甲戌乙亥兩年家宅不利。迨流年屆丙子丁丑間。功業尚屬不凡也。

鮑文越

癸巳　三三丁巳
辛酉　四三丙辰
辛亥　五三乙卯
癸巳

天元二癸二辛。兩干不雜。地支年時雙巳。拱酉者。中藏戌干天魁。為夾丘格。日逢月祿。巳酉化金。四柱一色金水。經云。金白水清。遇秋生爲貴。巳亥爲本主驛馬。酉爲將星。暗藏天魁。將星逢馬。主武功起家。威名遠振。金水清華。文章亦能華國。以正五行取金水傷官。身旺最宜財。而無財。拙於謀富。現運仍在己宮。沖動身坐。多勞少成。入丙運。必有新職。甲戌年。財官並旺。一年利達。當有開展。乙亥年奇逢巧遇。局面一新矣。

湯國楨

癸卯
丁巳
辛酉
戊子

二九甲寅
三九癸丑
四九壬子

辛金坐酉自強。月提丁巳。煞星氣旺。妙得癸水。鄰而去之。但究嫌戊土遙合癸水爲病。逢子時。金水相維。以解偏重之火氣。於以取貴。考天髓論辛金。熱則喜癸。寒則喜丁。故辛生夏令。首重水之有無。以定貴賤爵。甲運尅去戊土爲福。寅運尤佳。去歲癸酉原吉。而地支冲刑並見故否。今年甲戌。又見吉遇。處境不凡。明年乙亥。變生不測。非極佳。即極否。且主遠行。辛金逢戊子時。生於初夏。不以朝陽取格。特註。

陳嘉庚

辛卯　三一丁亥
辛卯　四一丙戌
辛卯　五一乙酉

經云天元一氣。地物相同。人生遇此。位至三公。即此論也。四柱辛卯。胎元壬午。納音皆木。乃一氣爲根。又爲一旬四位。皆貴格也。以止五行論。辛金生於驚蟄節後一時。天元雖比重而臨絕地。卯木之氣過盛。失令之金。自難容於當令之木。四柱空依傍。而爲木所勦。納音爲木。自然金從木變。是乃從財格也。凡從格喜從旺。故亥運生涯鼎盛。財勢左右南洋。丙運。比重爭官。處境甘苦。自心知。戌運。辛逢旺地，卯合戌。從勢生變化。財川不專。慎防失敗。乙運。風波甚劇。蓋偏財明見。勢羣而爭。棄本逐末。自蹈危機。酉運逢根。從財破格。危險難言矣。

何遂

戊子
丙辰
辛酉
戊子

三五庚申
四五辛酉
五五壬戌

此局屢思之。而不得其解。近始恍然悟。是殆從化格之眞者也。丙辰辛酉。天地眞六合。穀雨後一時生人。是時歸庫之水正旺。是則丙辛辰酉皆化爲水矣。（辰酉合。舊說化金非是。乃化水也。）年時二子雙夾。盡成水象。所謂化之眞者。名公鉅卿。命理自有定評。惟天干戊土爲病。運至庚金。化土以生水。化象喜生旺。庚金作印生水。境遇日佳。申運。爲水之長生。申子辰三合水局。其勢浩蕩奔騰。水旺極矣。故顯達於時。而握軍符。辛酉運。二辛爭權。自不能成化。故無復當年之盛況矣。流年甲戌。

甲丙戊。戌一寅字。乃辛金貴人。[illegible]人透天。辰戌冲。靜極而動。[illegible]遇不凡。然惟名盛耳

鄭世芬

癸己
丙辰
辛丑
壬辰

三十癸丑
四十壬子
五十辛亥

壬癸辛三奇。地支雙龍夾日主。是乃三奇乘龍格也。月干丙火正官。通根於己祿。然爲壬癸之水所傷。被迫從辛而化水。得辰以迎之。故天干盡成水象。是爲化之眞者。納音月日二土。年時二水。季土當令。丙己爲土之正印。特點在此。堤岸修成。水土兩盡其用。八字似雜。而納音成象。自是佳造。大運至癸丑干支皆在北方水位。化行旺地者昌。而納音爲木。爲土晉之官星。財官相生。政祺益懋。仕路崢嶸。四十歲入壬子運。較癸丑倍純。納音仍木。官星自應倍旺。蓋日主納音既爲土。月提正印助之。自

應以水納音爲財。木音爲官也。此十年。錦片前程。美不勝收也。流年甲戌冲辰刑丑。或見煩瑣。大體自吉。明年乙亥。有一麾出守之象。

盧郁雨青

戊子　三五戊午
甲寅　四五己未
辛酉　五五庚申
壬辰

辛酉坐祿。八專自旺。月提甲寅。正財帶祿。爲專祿所喜。是乃正財格也。惟壬水明透。子辰半水局。傷官洩氣。日主原非甚旺。經財傷交洩之餘。其力已微。轉取印綬扶身。故戊午一運甚佳。始爲方主席秘書長。繼爲崇關監督。及某稅局總局長。壬申癸酉兩年。食傷交洩。漸不得意。現入己未運。爲印綬。本命所喜。應見轉機。甲戌年吉順。乙亥劣甚丙子瑕瑜不純。丁丑戊寅己卯等六年。洄復舊觀。前程萬里。

鄧芝園

丙戌
乙未
辛卯
癸巳

三三己亥
四三庚子
五三辛丑

命書云。辛騎羊兎。透乙必富。此格是也。乙未丙火皆得祿。日主無力。不勝其尅洩。時逢癸水。鄰而盜氣為尤甚。己運最佳。尅去癸水生助日主。立任簡任要職。至次長之位。亥運最劣。財官兩失。庚運乙庚合化金扶助日元。雖幫身而尅去乙未。則官失其印。官星無輔而勢孤。故此運財氣甚可觀。而官星不足。亦且不顯。現入子運。癸水得祿洩其真氣。名之方面可希如意。財之方面則不足。且子卯相刑。環境亦美中有玷。辛運自吉。攸往咸宜矣。此局求富較易。為純財格也。何者。祿四柱無不坐財。丙戌。戌中辛金為丙之財。乙未。未中己土為乙之財。日主坐卯則無論矣。癸巳是乃財官雙美之象。主晚年富貴兩齊。凡看命日主配四柱係片面的。再看四柱互相關係何如。則得其全局真消息矣。

何元瀚 少圻

甲申　三六乙亥
辛未　四六丙子
辛未　五六丁丑
甲午

命書云。辛騎羊兎。透乙必富。四柱無乙而甲可用。月日同辰。未庫當令。天元二甲二辛。兩干不雜利名齊。地支午未申一氣連茹。秉氣極厚。理以甲木正財通庫爲用。行運助財。旣富而貴。由甲戌運始即見佳況。乙亥運最得意。乃補足騎羊透乙之格。而亥水爲甲木之長生。亥未半財局。暗進卯木。是乃財逢生地人多富之謂也。故此運財旺官旺。名利兩孚。丙運正官透出。雖無大權。而享盛名。子運冲午煞。宜加珍護。隨遇而安。丁丑一運。老當益壯。官星榮顯。流年甲戌乙亥二年皆佳。名利並得。丙子年歲運並臨。謹守爲上。丁丑以後。又臨榮泰之境矣。

張學良

辛丑　　一九辛卯
癸巳　　二九庚寅
壬子　　三九己丑
己酉

右張漢卿副司令造也。壬水生於小滿節後。水入巽而返魂。胎元在申。是乃絕處逢生。印星見於歲德。地支三合成局。凡印綬見於年月。主蔭福。主權。故承遺業。早秉重權。日主坐將星。天元透癸刃。時見正官。故整軍經武。聲威遠振。官星顯赫。權重於時。經云。官星帶刃無尅破。掌兵刑之大權。財印相資沒刑冲。登黃閣三公之貴。此局正與此論相符合。非但此也。身弱刃扶。印綬成局。而見一官。八字僅成土金水互生之象。純而不雜。納音日主屬木。合胎元二十二水。財印相資。亦極整齊。缺金火二音。辛卯運。納音木扶身。如日之升。二九庚寅運納音仍木。仍以帮身論。但庚金梟神。偏以害正。駁雜不純。辛未年冲破印局故否。今年三十四歲入寅運。驛馬扶身。三刑得位。胎元中金有用權位仍有開展。甲戌流年納音火。木火吐艷。焜炳於時。丙子丁丑。為霖為雨。

朱紹良

辛卯
戊戌
壬申
庚子

三二甲午
四二癸巳

壬水坐申自旺。生於寒露節後六日。丁火得氣。八字缺火。是乃元機暗存之論。以正五行論。戊土月提。辛金戊土透干。雜氣財官印。應取煞印格爲用。所謂人元三用。透旺爲眞是也。戊戌魁罡作煞。子申暗遙辰土大罡。逢子時。羊刃將星持權。明暗魁罡冲動。故歷主軍政。而秉重權。亦可以戊戌七煞得時。壬申日遇庚子時。身旺成局。以身煞兩停論。甲運三奇成局。午運財煞相資。五行缺火。戌中暗存。午火補足。故雲程駿邁。位望重極於時。現入癸運。羊刃合煞。開府甘凉。巳運仍屬佳境。甲戌流年。三奇用煞。應奏偉績。乙亥流年當有遷調之喜。機遇不凡。

王克敏

丙子
壬辰　　五一戊戌
壬申
乙巳

壬水見比。申子辰會局。水全潤下。偏財帶祿。辰巳連支進氣。財星旺極。干透一乙。化比生丙。秀氣發紓。財得根氣。水火既濟成用。滴天髓云。坎離宰天地之中氣。成不獨成。而有相成者在。即此之論也。故酉運破乙。極不利。現行戊運。甲戌年。歲運併臨。大運冲命。而辰巳動。逢戌則冲歲。財庫雖開。破局殊甚。慎防變化。乙亥丙子皆有佳況。但不純。

李烈鈞

癸酉　　三三己未
癸亥　　四三戊午
壬申　　五三丁巳
庚戌　　六三丙辰

天干金水相生。地支申酉戌亥。一氣連茹。由西轉北方。純然金水兩體。毫無夾雜。清之極矣。小陽之初。雖失之畧寒。尙無大礙。理以戌土七煞爲用。戌藏丁火。爲火庫。財煞相資。以火土濟金水之不足。體用兼備。惟失之畧輕。未運刑戌。財煞兩彰。革命成功。立任要職。流年水盛。未得大展。戊運爭煞。得失不純。午運較佳。丁運吉而多爭。己運冲中逢合。財煞得祿。名利並爭。流年甲戌。自多吉慶。乙亥年。歲冲運而運冲身。合局破矣。須防意外之變。渡此則丙子後七年皆佳。

周作民

甲申　二七己巳
丙寅　三七庚午
壬辰　四七辛未
壬寅

壬水日主。居於辰位。爲壬騎龍背格。經云。壬騎龍背。見戌無格。寅多則富。辰多則榮。四柱寅凡兩見。日元逢比。通根於申。足以勝起食財交洩。以正格爲食神生財。用神取比肩。寅多而甲丙透干。正合寅多則富之定律。故以實業起家。成名致富。運行庚午辛未。印綬扶身。日趨顯達。現在辛運。丙辛合化。名旺而實暗傷。蓋化財爲刦也。雖然亦不失爲佳境。且參與國政。流年不吉無疵。因嘆古人定格之精。但與定律相合。自然應之如響。可不重視之哉。

周大文

乙未　　二八丙戌
己丑　　三八乙酉
壬午　　四八甲申
癸卯

壬臨午位祿馬同鄉。月提己丑。雜氣官星。己祿於午。官星極旺。惟嫌乙木傷官。實爲重病。逢金火制化。立能騰達。戌運三刑動庫。財官印並皆刑出。庚午年合住乙木。辛未年尅去乙木。病重逢藥。任北平市長。去歲乙運。傷官重見。而辭職。命理至此等處。直有桴鼓之應。甲戌年。甲己合化。將傷官見官化去。地支三刑。財官並動。必有新職。乙亥依然故我。丙子丁丑。化去傷官。小有成就。戊寅。己卯。庚辰。辛巳。直可謂上天有梯。

何豐林

癸酉　　四八壬子
丁巳
壬午　　五六辛亥
丁未

壬入巽而見金。號曰還魂。絕處逢生癸刃扶身爲吉。六壬臨午位。號曰祿馬同鄉。地支巳午未南離一氣。干透雙丁。財氣過盛。癸刼資身。經云。遇比用財資萬貫。比作資扶是也。運行癸丑壬子。軍職疊升。開府瀍濱。子運一冲。遂有變動。入辛運。正印相生。身安望重。所謂財逢印以遷官是也。現年平安爲福。至乙亥丙子年防災。

何海鳴

辛卯
乙未
壬戌
癸卯

三九辛卯
四九庚寅

壬戌日主。納音亦水。以月時二金生之。生於大暑後十二日。三伏生寒。金水進氣。日元强健。壬戌魁罡坐煞。時干透刃。煞刃成局。理以長槍大戟博功名。然顧以文字成名。其故何哉。蓋四柱傷官黨衆盜氣。歲干雖透辛印。而爲癸水所化。轉資乙卯木氣。月提未土。既爲卯迫從木。而身坐戌煞。亦爲卯合化火。火木相生。秀氣發紓。求其不以筆墨爲生涯。不可得也。既入卯運。文名日盛。欲避而不可能。四九庚運。乙庚化金。五年淒境。權財位三者並得。現行流年不爲福。戊寅己卯年。必有奇遇。大展懷抱。

趙艮格

庚寅　庚子　壬午
己卯　乙酉　戊申
壬寅　壬寅　壬寅
壬寅　壬寅　壬寅

首造林知淵。二造張子久。三造張繼。首造壬水生於驚蟄節後九日。木旺身衰。用取庚金。次造壬水生於酉月。通根於子。印綬得令。金水兩旺。用取丙火。水暖金溫。因用丙火。比刃並見。而尅妻。歷主財政職權。三造壬水生於申月。生宮氣旺。寅申冲驛馬齊發。成就最優。而名實不副。蓋用取戊土七煞。天元比重。地支冲動。支動則干動。因而比肩爭權。故亥運最吉。合寅而不冲之故也。現在丑運之末。明年入甲運。乙亥流年。一帆輕鮞。千里坦途。以上三造格局則一。取用不同。看命固無定法。全由推演者之見解工夫。以定得失耳。

陶思澄

壬午

壬寅　　三七丙午
壬午　　四七丁未
壬寅

天元壬水一氣。生於立春後八日。戊土主事。地支本主同辰。日時同辰。納音二金二木。八字純陽。四柱出於兩旬。格局極奇。外格爲貫武當權格。細按八字。壬水雖衆。而無根源。地支木火泄氣。似强而實弱。張效坤八字爲壬午壬寅壬寅庚戌。時逢庚戌魁罡。一印一煞振起全局。用庚印故也。此造無絲毫金氣。只可以二寅冲申合亥取外助。然究屬渺茫難憑。近啞儂兄以此造見示。並云當民國八九年間。此君曾任楚南某省省長。近年滬濱落魄。投考稅署書記。嗣長官[illegible]其曾任省長。特提升科員。所遇之奇。一至於此。當爲再四推測。係屬化强爲弱。四柱無根。當民國八九年時。正在庚申辛酉等年。運行丙午。流年金水帮身。遇合自佳。丁運明財透出。四壬爭合。棄本逐末。自應敗落。未運。二午爭未。有情反無情。故殊難支持。張造亦未運失敗者。由此可證冲合應作同等論。由命而定吉凶也。

將作賓

甲申　二一己巳
丙寅　三一庚午
癸丑　四一辛未
癸亥

癸丑日癸亥時。乃拱祿格也。蓋癸祿子。亥丑虛拱成格。此格忌冲刑破害。行運壞實則凶。以正五行論癸生寅月。失時無氣。妙逢癸亥時。天元既得比肩。地支復成北方一氣。比旺爲强。於時中木得令。年干明透。丙坐寅宮居於生地。木旺火相。乃水木眞傷官用財之局也。祿格亦喜財。內外格相濟成用。故爲大格。己運會成四孟全冲。內財得祿。仕路升騰。午運火旺財强。官至次長。現行未運。丑未冲煞星顯露。傷官駕煞。折衝樽俎。榮膺使節。今年甲戌傷官重見。地支三刑。環境煩瑣。或有失意之事耳。

危道豐 芑濱

甲申
己巳
癸亥
癸丑

三八癸酉
四八甲戌

癸亥癸丑拱子祿。爲拱祿格。月提己巳。水入巽而還魂。爲胞胎印綬。日主通根得地而不弱。煞星明透。甲木合之。巳冲亥破拱格。而申合巳。貪合忘冲。爲有救。但年月天地德合。將月提貴氣合失。有情反作無情。蓋用煞而甲絆之。用甲而己阻之。用巳而申縮之。仍以傷官合煞論。文兼武職。名盛而權不足。巳亥一冲。奔馳多勞。但合局多。因緣有情。各方倚重。現行甲運。水木清華。秀氣發紓。當有所成也。外格爲水繞花堤。蔣貴之局。近日細思此造與蔣造極相似然前途不同殆拱空之原因也癸亥日主爲甲寅旬空子丑則所拱之神與生時皆落空亡而蔣造則不然毫釐之間相去如此可不重視之哉附註

邢士廉

乙酉　三六癸未
丁亥　四六壬午
癸未　五六辛巳
戊午

癸水生於小雪節後。日元健旺。太歲在酉。亥未半木局。暗遙夘木雷門。又爲揖拱闕門。年月同旬。乙丁夾丙。亥水天門。三奇登天門。四柱陰寒。時逢戊午。與日元天地德合。乙酉丁亥夾丙戌。胎元及將星皆在寅。會成寅午戌三合火局。天德在乙。以陰寒偏枯之局。而逢將星合德三合火局。且暗夾丙戌天魁會將星。自然主武功成名。望重於時也。現行壬水刦財運非佳。五十一歲入午運。喜神重逢。乘時邁進。際遇非常。權位並得。今年甲戌。明年乙亥。均非其時。丙子丁丑兩年。一鳴驚人。一飛冲天

柳亞子

丁亥

乙巳　二七壬寅
癸巳　三七辛丑
己未　四七庚子

癸元生於小滿節後。水入巽而還魂。通根於亥。日元不弱。天元乙木秀氣獨鍾。地支亥未引乙會木局。食神得氣。以尅制己土時煞。未既合亥。己土失所憑依。旺煞反無力。水生木。而木生火。火更生土。秀氣伸引。氣機流走。名高當代。節傲公卿。文章事業亦自千古。巳火財貴兩見。祖蔭可憑。亥沖巳。而驛馬發動。早歲負笈重洋。食旺生財子女聰秀成行。壬寅辛丑各運。均主名盛之論。現入庚運。合乙作印。應得實權。時會所趨。自難免俗。子運尤佳。流年乙亥丙子兩年。功名逼人。强台直上。

荊有岩 雪岑

庚子　二七丙戌
癸未　三七丁亥
癸巳
壬戌

天元壬癸三見。逢庚印一氣順生。年祿通根。日元極強。地支月日夾午。爲子午之端門帝闕。時當小暑節。火氣正盛。南離一片。歸根於戌。作巳午未歸藏之地。故歷秉財權。且富優於貴。以正格論。爲眞武持權格。此格陽水暴。而陰水柔。其發跡也不同。凡論命。有取形象者。有取用神[illegible]。不能泥執於一。此局如以未土七煞論。而不以火氣取用。必失之矣。[illegible]運最吉。戌運雖財旺。而受同類劫持。因借力於比刦。財逢庫地收藏。比刦來爭。不免劫持。因以心神不寧。不爲純美耳。甲戌年三六九月皆爲動象。得失不定。乙亥年所遇多劣。動機愈甚。丙子之後方許安吉也。

蕭叔宣

壬辰　二十甲寅
壬子　二十乙夘
癸酉　四十丙辰
甲寅

癸日冬生。日元剛健。年月劫財並透。子辰又爲半水局。身坐酉印。金水冷。八字陰寒極矣。所幸時逢甲寅。寅爲三陽。丙火生宮。是乃寒谷回春之象。乃刑合格也。古詩云。刑合格向六癸尋。生時喜見甲寅臨。寅來凌巳戊應出。癸去逢蛇官得任。是也。用寅刑巳宮財官。妙得酉來純合。年月無用神可取。其格甚眞。由寅運始。歷任軍職。丙運位至旅長。純陰逢陽。宜其顯矣。流年甲戌。化比刦而生財。故有新職。乙亥劣。而丙子丁丑絕佳。辰運。旺極宜靜。喜休藏。處境平易。五十入丁運尙好。而巳運塡實不利。

鄒作華

甲午　　二九壬申
己巳　　三九癸酉
癸丑　　四九甲戌
甲寅

癸丑日元得北方餘氣幇身。生於巳月。水入巽而還魂。絕地逢生爲吉。四柱木火交沖。夏初之水。力有所不勝。所妙者巳丑半金局。暗遙酉金之將星太陽。用慮勝似用實。傷官駕煞。皆乘旺祿。器局已備。惟日主弱。不能勝任用神。故三十歲入壬運。陽以助陰。日元得助乘旺。勝起用神。即主兵柄。中運三刑帶冲。不意事常八九。可與人言無二三。毋乃似之。四十歲方交足癸運。比肩幫身。本氣相濟。勝過壬運。驊騮開道路。鷹隼出風塵。必有一飛冲天之致。今年甲戌傷官重逢。故非其時。明年乙亥。後年丙子。維豐維祟。君子得時。

高紀毅

庚寅
戊寅
癸亥
甲寅

三八壬午
四八癸未

珞琭子云。重犯奇儀。蘊藉抱出羣之器。此格是也。天干甲戊庚三奇全。考甲申旬以庚爲六儀。甲寅旬以癸爲六儀。三奇六儀並見於天干。逢亥水之天門。是爲三奇登天門。尤妙者甲戊庚皆乘寅木。與日支六合。又爲鼎足徵基格。此二者均爲奇格。遇之必貴顯。然歲運逢未貴。立見升騰。故庚午辛未兩年解軍職而任北甯路繁缺。大展抱負。現行午運。傷官生財。尙平。癸運爭官。尙非其時。未運必然奇發。勳華冠時。今年甲戌三奇重遇。應有動機。乙亥年平。丙子丁丑兩年。當一現光彩。成績優勝。

張國忱

丁酉　　二八己酉
壬子　　三八戊申
癸亥　　四八丁未
甲寅

妙選云。一旬包裹。獨操千里之權。格奇而難逢。癸亥日主甲寅時。爲甲寅旬首尾二位。毫無破損。斯乃合格必貴者也。而且年月出於甲午甲辰二旬。加以甲寅旬三旬聯貫。其氣互爲接替。亦奇。冬至後一陽復生。逢寅時爲三陽之首。四柱陰寒。以寅中丙火。解其偏寒。是乃黍谷回春之象。又爲刑合格。詩云。刑合格向六癸尋。生時喜向甲寅臨是也。正格爲水木傷官。建祿身强。喜木洩其旺氣。故身高名世。譽滿於時。己運最佳。冬水泛濫。修戍堤岸之功。權位益著。酉運隨時樂道。自多樂境。戊運傷官見官。流年甚佳無妨。惟戊寅年。官傷兩旺。恐有變化耳。

孫耀五

癸卯	二四	庚申
癸亥	三四	己未
癸丑	四四	戊午
癸亥		

天元一氣。年時卯亥半木局。包裹月日。乃虛中精實格。詳三命六卷。以木疏水。運化無形。極妙。月日時合成亥子丑一氣。雙包子祿。大地皆水。用以反冲巳午未氣。是爲反冲財官格。主奇發富貴。妻賢得助。但不免多尅。喜行金水運。愈旺愈顯。現行申運。前程順意。三十四入己運。流年吉利。再見升騰。未運三合木局。貪合忘冲。自然無患。惟癸未一年。歲運並臨。冲倒身坐。須加戒愼。以免意外之失。近年流年皆佳。環境順

逢爲福。

王懷祖

己亥	二五甲戌
丁丑	三五癸酉
癸巳	四五壬申
辛酉	

癸巳日主生於大寒節前一時。凡生於正節日者多主貴。屢試而驗。八字純陰。三合金局。陰寒極矣。設非丁火明透。生機將息。故以丁火救其偏氣。解全局之陰寒。是乃病重得藥之象也。如巳火不爲亥冲。酉丑所化。則癸臨巳宮財官雙美。即足取貴。但一冲一化之後。不能爲用耳。天干財煞印三偏成局。經云。三偏得位威震邊疆。局勢極佳。應許上格。甲運最吉。丁火力微。得甲作印相生扶。權位財官絢爛於時。戌運爲火庫。丑戌相刑。否泰兼行。癸運比肩爭財。七煞護丁而制癸。應許得權。意外之獲。酉運爲丁火之生宮。用神逢生地。且爲天乙之鄉。環境仍頗不惡。壬運丁壬

合化。甲神失去。退守爲福。流年甲戌應見佳況。直至丁丑年。均有可爲。名利雙收時也。

趙濟民

乙巳　二一甲申
丁亥　三一癸未
癸丑　四一壬午
庚申

是乃羅紋交貴格也。天元四干。乙得申貴。丁得亥貴。癸得巳貴。庚得丑貴。妙選云。滿路異香。間產賢豪。金聲玉振賦云。滿路異香。富而好禮。皆屬此格。正五行。癸水生於初冬。逢庚申時。主旺而寒。原爲合珠格。見巳透丁而不貫。用取丁火偏財。食神生之。財旺有根。秀氣發紓。故文事武功皆有成績。爲人恂恂儒雅。誠今之才人。亦今之人才也。甲運庚劈甲而引丁。發揚榮顯。申運再逢印綬。平安穩適。名譽儘佳。癸運。流年火土。自得佳果。未運冲丑動煞。丁火得氣。再任軍職。壬運合丁較平。午運大展抱負。財權兩旺。流年甲戌助丁吉。刑丑不純•否泰相並•乙亥年動機利進展。丙子丁丑大吉大利。

楊圻 雲史

乙亥　　三六癸未
丁亥　　四六壬午
癸巳　　五六辛巳
癸丑

癸水生於小雪節後。比刦强盛。身坐巳火貴氣爲亥所傷。設非乙丁並透。將無可成就矣。乙木爲天德爲食神文星。故多才多藝。文章詩書。爲世所珍。時逢七煞。應以文人佐軍幕。而享盛名。未運甚佳。壬運合丁。應見破敗。午運最吉。丁火得祿。財喜並臨。辛運奪食。有財不忌。心神並適。巳運應有發展。但既發之後。厄逆隨之爲可慮耳。流年甲戌甚佳。名利兩宜。乙亥動象。有所成功。丙子丁丑皆可如意也。

常之英

癸巳
戊午　二七乙卯
癸巳　三七甲寅
戊午　四七癸丑

年日同宮。月時同宮。兩干不雜。兩支不雜。爲蛺蝶雙飛格。癸坐巳宮爲胞胎印綬。夏至一陰生。金水受氣。胎元在酉。自可通根。日元不以弱論。戊癸化火。乘支巳午。化得其眞。大人虎變。納音二水二火。旣濟成象。誠屬奇格罕覯。自然主貴。乙卯一運。化逢生扶。兵刑任重。權位著一時。甲寅運。傷官見官。宦海波瀾。韜光養晦。四七癸丑一運。蟄龍起震。立騰霄漢。書此以證將來。甲戌年仍不可爲。乙亥年。應見動機。小試其鋒。

命理言微

本集不載起例因其他命書均有起例可資參考以免徒占篇幅無補實用初學諸君有未習起例者請讀命理探源即可得到命理上一切常識

神煞用訣

子平之學。根據五星。刪繁就簡。蛻嬗變化而來。故一切神煞。多因之列入。妙有實效者。茲將用之有效。信而可徵者列下。

天乙貴人

起天乙貴人法。以日干爲主。如甲戊庚日干。以丑未爲貴人。但須年干與日干同得貴人。方爲有力。

本家貴人。最爲得用。其起法。以遁干起逢貴止。如在一旬之內尤妙。如甲子日主。得乙丑或辛未月時主貴。次之不在一旬。而在一遁之內。亦有效。凡六甲日生人。逢乙丑辛未均可用。然辛未較乙丑爲尤吉。因丑乃煞庫也。餘干仿此。

貴合一法。爲看命緊要秘訣。其法干合爲上。支合爲中。無合爲下。以日主干支。合月時干支爲主。天干相合。地支互貴。最上之品。例如甲子日逢己未月。是爲上格。此格如有福神助吉。當爲極品之貴。忌死絕沖破空亡。舉例如下。

甲干逢己丑未戊干逢癸丑未庚干逢乙丑未乙干逢庚申子己干逢甲子申丙干逢辛酉亥丁干逢壬寅辰辛干逢丙午寅壬干逢丁己卯癸干逢戊申戌

貴食一訣。與貴合俱同等效力。主祿多稱意。如與貴合相兼。主官祿崇優。舉例如下。

甲干逢丙寅辰乙干逢丁酉亥庚干逢壬申戌辛干逢癸卯巳丙干逢戊子午丁干逢己己丑戊干逢庚子午己干逢辛亥未壬干逢甲子午癸干逢乙己丑

天月德

二德以日主逢之爲上。他干見之亦吉。如二德護官。護財。護印。護食。皆爲上品貴格。且主化解一切凶危。一生不遇危險官災。

三奇

命遇三奇。以日主逢之爲上。他干見之。而日主不與者。主得外助。親族顯貴得力。然甲戊庚必逢未貴。方爲有用。丑貴次之。逢申金爲得垣。乙丙丁喜亥水天門。逢三奇再遇天月德。天乙貴人。必大貴。爲一代偉人。至於辛壬癸三奇。有此一說而已。

驛馬

舊說以地支金木水火四局長生爲驛馬。蓋寅申巳亥。逢冲爲馬。其說固是矣。然愚則以日干取之。如甲日干用巳。丙戊日干用申。庚日干用亥。壬日干用寅。以爲驛馬。至如乙干用巳丁己干用申。辛干用亥。癸干用寅。是爲驛馬咸池。日主遇之。多主才能藝術。性高氣傲。嗜慾纏身。好動惡靜。見異思遷。經云。驛馬咸池。江湖花酒。即此之謂也。

月將 即太陽將星

由子位起正月。逆行。如遇中氣節。即前進一位。由亥上起。推至本命生月止。即爲月將。乃本命太陽躔次也。此神入命。主聲名揚溢。權位並著。如與吉星天乙同位。尤吉。珞琭子云。將星合德。天乙加臨。即此之謂也。

魁星

由甲辰起至癸丑止。十位皆爲魁星。入命主文彩異衆。領袖羣倫。同見二三位尤吉。

文昌

訣云。甲巳乙午報君知。丙戊申宮丁己雞。庚猪辛鼠壬逢虎。癸人見卯入雲梯。文昌入命。主聰明過人。才華軼羣。逢凶化吉。

祿刃

祿刃如甲祿寅。卯爲刃之類。皆爲本命極旺之地。日主過旺。則財官皆在敗鄉。故古人有建祿不富之說。是二者。喜見於日時。不宜見於月提。刃星尤宜身弱。逢煞。或制伏得宜。則吉。否則爲禍百端。

桃花 即咸池煞

此煞爲長生第二位。如甲木長生在亥。子爲桃花。餘倣此。逢之主嗜酒色。好嗜慾。階禍敗德。

五行衰旺

以四時取之。將來者進。進而當令。成功者退。退而無氣。分爲相旺休囚。金相於夏。旺於秋。休於冬。囚於春。木相於冬。旺於春。休於夏。囚於秋。水相於秋。旺於冬。休於春。囚於夏。火相於春。旺於夏。休於秋。囚於冬。

土爲大地所載。只論四時生尅。不論衰旺。蓋萬物唯土所生。用無窮盡。豈有盛衰之可言哉。

萬物忌盛忌旺。盛極旺極必敗。五行之理。旺極必衰。故相最妙。取其氣未滿盈。得其生發方進之氣。取用不竭。休則日瀕遲暮。好景無常。有退無進。囚則剝極則復。却有轉機。反愈於休之有日退。無日進也。

囚也衰旺之機。操於四時。然亦有得時不旺。而失時不衰者。當春夏秋冬。四孟月主事之木火金水。皆得時不旺。且不任尅制。屢試屢驗。轉不如他時任受尅制而得用也。至於失時不衰者。則四柱培護得宜。生扶有氣。其力反勝於當令之物。

過旺之神。最忌尅制。逢之必遭凶危。譬如強悍之人。忽遭刑責挫衄。必憤而禍生。其理正同。凡極強之神。最喜化地。伸引其生機。如官殺強。引之以印。食傷強。引之以財。逢此者主貴主富。蓋氣機疏暢。生發無阻也。如長江大河。氣勢澎湃。一瀉千里。若得此等氣概。豈小富貴哉。

五行衰旺。固操於四時。而陰陽消長。則視乎二至。冬至一陽生。至夏至而陽極。夏至一陰生。至冬至而陰極。冬至後。火木之氣日盛。以視乎冬至之前。有霄壤之不同。夏至後。金水進氣。同一火炎土燥之局。以視乎夏至之前。則有間矣。所以珞琭子有冬逢炎熱。夏草遭霜之論。即此謂也。此為一歲五行衰旺之眞機也。

天干

甲木參天。脫胎要火。春不容金。秋不容土。火熾乘龍。水蕩騎虎。地潤天長。植立千古。

乙木雖柔。刲羊解牛。懷丁抱丙。跨鳳乘猴。虛濕之地。騎馬亦憂。藤蘿繫甲。可春可秋。鳳酉金也

丙火猛烈。欺霜侮雪。能煅庚金。逢辛反怯。土衆生慈。水猖顯節。虎馬犬鄉。甲來焚滅。

丁火柔中。內性昭融。抱乙而孝。合壬而忠。旺而不烈。衰而不窮。如有嫡母。可秋可冬。嫡母正印

戊土固重。既中且正。靜翕動闢。萬物司命。水潤物生。火燥物病。若在艮坤。怕沖宜靜。

己土卑濕。中正蓄藏。不愁木盛。不畏水狂。火少火晦。金多金光。若要物旺。宜助宜幫。

庚金帶煞。剛健爲最。得水而清。得火而銳。土潤則生。土乾則脆。能贏甲兄。輸於乙妹。

辛金軟弱。溫潤而清。畏土之多。樂水之盈。能扶社稷。能救生靈。熱則

喜母。寒則喜丁。（母己土也）

壬水通河。能洩金氣。剛中之德。週流不滯。通根透癸。冲天奔地。化則有情。從則相濟。

癸水至弱。達於天津。得龍而潤。功化斯神。不愁火土。不論庚辛。合戊見火。化象斯眞。

以上十干生化。最切實用。神而明之。運用無窮。「滴天髓」

甲丙戊庚壬五陽干。秉陽剛之德。特立獨行。不任尅制。不從强勢。

乙丁己辛癸五陰干。秉陰柔之性。不忌尅制。見强而有勢者則從。

地支

今人推命。率將地支所藏之物。分配主事。其實不然。論命應以本支之氣爲主。而後再看有無三六合之變化。再及其他所藏餘氣。如寅卯即甲乙也。巳午即丙丁也。至於寅中有丙戊。申中有壬。巳中有庚。亥中有甲。乃五陽干長生之位。再若辰中有癸。戌中有丁。丑中有辛。未中有乙。乃五行雜庫之位。再如辰中有乙。戌中有辛。丑中有癸。未中有丁。乃東南西北四方之末位。故藏木金水火之餘氣。至若寅申中之戊土。乃艮坤之土位。巳午之戊巳。乃火土相生。子隨母生之故。若此者。但秉其氣。非能分其力也。必執定得一分三。而三分之。豈不謬哉。若支中有三六合之局。自成體象。則按其化合之象而論。不以本支主氣斷也。如寅亥合則爲木。巳申合則爲金。申子辰三合水局。巳酉丑三合金局。等是也。

子寅辰。午申戌。爲陽支。其性動。其氣强。其爲災祥也。發之恒速。丑亥酉。未巳卯。爲陰支。其性專。其氣靜。其爲禍福也。應之遲緩。寅申巳亥生方也。所生者皆陽。辰戌丑未墓地也。所墓者皆陰。始終不一。蓋有理存焉。萬物皆秉陽氣而始生。陽極陰生。陰極而死亡。至墓地皆陰極也。豈有秉陽氣而入墓者耶。由此更可證明陰陽同生死之說爲可憑。子午卯酉。乃陽敗陰洩之地。非生方也。是仍辛乙癸丁己旺氣發洩之位。爲五陰干食神祿元。以洩爲生。焉有是理。

地支合冲刑破。作用極多。其所生之關係。種種不同。如寅申巳亥。均屬遞生遞洩。其用不一。如寅中甲木爲主體。而丙火長生。然有戊土洩丙之氣。申中庚金主體。壬水長生。然戊土雖生庚。而却尅壬。巳中丙火主體。庚金長生。然丙尅庚。賴戊土調護其間。亥中壬水主體。而甲木實盜壬之氣。再如寅亥合。兩支甲木固爲一體。而亥中壬水。實冲寅中丙火。合中有傷。如寅申冲矣。而申中壬水。能生寅中甲木。無情而反有情。如三合之局。寅午戌火局。木土皆化火。申子辰水局。金土均化水矣。如此之類。不細心理會。必十失七八。

地支六合。如子丑合。寅亥合等。用以和戰。用以解冲。用以化煞。皆能爲福。如不當合而合。則爲羈絆。爲淫佚。設如用神喜神爲他神合去尤否。總之冲戰之神宜合。喜神忌合。如合神太多不宜。所謂過於有情。志難遠達是也。

干支冲合

天干乘支。有自爲合冲者。所係禍福尤爲緊要。如壬午戊子辛巳丁亥戊申癸巳六日。爲干支自合。男命逢之易致富貴。女命逢之。多情感。放蕩淫佚。如甲申庚寅辛卯己丑四日。干支自冲。無間男女。遇之多主不利配偶天干相沖。如甲庚沖。丙壬沖。乙辛沖。丁癸沖。戊己則則甲[illegible]乙癸沖。至於和沖之法。如庚甲沖。見壬即和。見丙亦解。餘類推。

天干六合。所係吉凶禍福各異。喜神用神則不喜逢合。如病神忌神則喜見合解凶。設如丙日以癸水爲官星。是乃正氣官星。爲喜神。干頭見戊土。則戊癸合。化官爲比劫矣。如逢此象。則以合爲病。再如丙火逢癸水。正官再見壬水七煞。是乃官煞混雜。干頭見丁合壬。去煞留官。或見戊合癸。去官用煞。逢此象。大能轉禍爲福。則以合爲喜神矣。故合神之喜忌。宜仿此推斷。經云。合有宜不宜。合多不爲奇是也。舊說逢合即以吉斷。多悞。

支冲

滴天髓云。天戰猶自可。地戰急如火。良以地支爲天干所乘之根基。根基動搖。天干必受其害。故支沖最切。

寅申巳亥爲四生方。驛馬之位。逢沖必動。其發也速。子午卯酉。四敗之地。要視所乘干神之衰旺。再定其喜忌。如甲午庚子。自坐死敗之地。逢冲之後。必有凶徵。如陰干乘之。其禍較輕。

辰戌丑未四墓之地。舊說多以爲必須逢冲方發。亦不盡然。如一線生氣。藏蓄墓庫之內。取爲用神。則切不可冲。逢冲必敗。如戊子戊午戊午丙辰。火炎土燥。需水甚亟。然子水爲午所傷。端賴辰庫中一點癸水。救其偏枯之氣。象類源泉。貴之取用。大運逢戌。冲開辰庫。照舊說。是爲冲開財庫。豈不甚吉。殊不知大謬不然。入戌運即見否徵。今年甲戌。尤非佳象。如此之庫。一冲便倒。爲禍固甚烈也。

主用兩旺。遇庫閉錮其氣。如此之庫。則必須冲出鬱遏之氣。始能大發也。

滴天髓云。衰神冲旺旺神發。旺者冲衰衰者拔。其衰旺二字。殊費解。愚見是殆指本命四柱。得時失時而言。如子水生冬月是爲旺。午火生冬月則爲衰。衰旺之氣既定。則冲我旺氣必發。冲我衰神必破。吉凶由是而判。六冲爲禍之烈者。莫如冲凶神忌神合局。設如忌神力衰。冲神力盛。冲去忌神固吉。反之忌神力強。冲神力輕。激忌神反爲禍。以合局爲用者。逢冲亦禍。

如吉神氣靜。發動無力。則喜微冲激之。反能獲福。

舊說謂二子不冲午。二寅不冲申。殊不知不但冲。其爲禍福倍烈。設本命坐子。大運在午。流年又見一子。則子冲午。而午即冲本命之子矣。其禍福之亟有不堪言者。如張作霖日主庚辰。大運在戌。流年逢辰。四月炸死。張敬輿本命原有辰戌。逢戊辰年。二月死於非命。凡遇此類之冲神。十九凶命。可不懼哉。今年甲戌。凡命有此象皆可危。蓋辰戌魁罡網羅之地。一遇冲激。其禍倍急。

四柱明見之冲神。是有固然也。但暗冲亦切。如酉亥夾戌。雖不見戌。而歲運逢辰。暗戌必動。凡拱夾虛遙之格。切須注意及此。喜冲固吉。忌冲則否。

地支在空亡位者。逢冲反吉。經云冲空則起是也。蓋一冲而反實矣。

刑害破

刑由合來。其理最切。以三合之局。加方取之。亥卯未木局。加亥子丑北方。申子辰水局。加寅卯辰東方。此二方局之相刑者。乃木落歸根。水流趨東也。寅午戌火局。加巳午未南方。巳酉丑金局。加申酉戌西方。此二方局之相刑者。火强金剛。自刑其方也。

子午卯酉。乃旺神相刑也。寅申巳亥。乃生神相刑也。辰戌丑未。乃墓神相刑也。總而言之。是生旺庫三者。各立門戶。而互相殘傷也。

三刑之局忌冲。逢冲則禍患必生。通明賦云。三刑對冲橫禍生。是也。

六害由六合而來。冲我合神。故曰害。如午未合。則子未相害。丑午相害是也。六害雖冲我之合神。然却能合冲我之神。故其毒不及三刑。

破者。卯午酉。但不明見方爲破。如卯多無午。則能破出午火爲用。元理賦云。卯破午。午破酉。財官雙美。只此三位。

方局

亥子丑三字全。爲北方一氣。五行屬水。寅卯辰爲東方一氣。屬木。巳午未爲南方一氣。屬火。申酉戌爲西方一氣。屬金。是謂之成方。如戊土日元。地支逢亥子丑。只以水論。爲財。如値寅卯辰。只以木論。爲煞。餘倣此。惟其害忌。須視節氣淺深而定之。

寅午戌。申子辰。乃三合爲之陽者。亥卯未。巳酉丑。乃三合爲之陰者。其成局之理。爲生旺墓三氣備。而成一體之謂也。因其氣全。故功用較鉅。其爲禍福也切。

方秉專旺之氣而成。三字連茹。其氣強。其勢盛。局則合三方之氣而成。難成而易破。最忌刑冲。逢刑冲則氣易渙散而局破矣。故其爲用。方勝於局。

不論方局。凡有二位亦具方局之用。但其力差微爾。試以火局舉例。生旺爲上。寅午是也。旺墓次之。午戌是也。生墓又次之。寅戌是也。方亦然。如南方火位。巳未爲上。中央午火。與成方無殊。巳午次之。午未又次之。

三合之局忌刑冲。而冲最甚。寅午戌雜申子辰一字於其間。即爲破局。見一刑字於其間。即爲損局。隔位刑冲其害輕。貼近刑冲其害重。如係半局。或半方。一見刑冲。即爲破局無用。

推命捷訣

推命最切要之點。首在節氣主事。不能以月支概括一切。如驚蟄後三日生人。月支在卯。然主事者乃甲木。非乙木也。如不將此點認清。則一誤皆誤。

初學推命。最好將干支用法分清。否則上下兼顧。不知由何下手矣。天干專重生尅制化。去留扶抑。地支專重刑冲破害。夾拱包藏。四柱取用審格既定。再察主用之强弱。强者制之化之。弱者扶之助之。如本命無制化扶助之神。即爲病。須待大運爲藥。以去其病。定命格之高下。可以數言概括之。淺而易見者小。深而難測者大。局清而神足者富貴。格濁而氣促者貧寒。純粹中和。五行氣足者。貴顯而長久。黨盛雖奇。五行氣偏者。易達而難恃。

主用發凡

取用神之法。千變萬化。不可方式。古人斤斤於月提爲用神。然月提亦非盡可取用也。試察全局之喜忌。而以一神維繫於八字間。有旋乾轉坤之力者。是乃用神也。

日主月提皆主體也。二者之間。能無強弱之分。輕重之別。苟有此象。即須以一干。或一支。扶抑其間。是即用神也。如日主弱。而月提爲煞。身輕煞重。或得一印以化煞而扶身。或遇一刃以合煞而輔主。是則其用神不在月提之煞。而在印或刃之神也。此簡單之舉例也。

主用之法既如上述。然亦有不專一而取。須加以變通者。如官煞之格。有時制化並施。甚或生制互用。至於大格。體用兼備。不以一神爲用。而以一神彌其偏闕。

古人以遁取貴取官取用近世鄧氏。以遁取主。其法簡而有效。試申述之。以五虎遁。遁至三四月爲止。即以遁止之干神爲主。如庚年生人。乙庚遁起戊寅。至三月爲庚辰。即以庚金爲主。配合四柱。如八字有庚字。爲人元入命。如無庚字。則虛擬庚字爲主。如乙年生人。依前例乙庚起戊寅。遁至四月止爲辛巳。即以辛字爲人元。用法同庚字。蓋陽年遁至三月。陰年遁至四月也。其他四遁倣此。凡遁出一字。主用皆用之。用天干不用地支。如恩造。乙未甲申乙巳癸未。乙年生人。遁至四月爲辛巳。以辛金爲主。配合天干。是乃食神生財格也。蓋辛以癸爲食神。甲乙木爲財星。故爲食神生財局。半生作事。迄未脫離財政界。其法簡而有效如此。

主用明見者易尋。而暗藏者難測。故四柱之外。尤須注意夾拱之暗神。其助用損用。成格破格。種種作用。不一其端。是以專論四柱。有時看之甚吉而終不吉。甚凶而竟不凶者。乃夾拱之關係也。

此外尚應注重者。胎元命宮是也。但胎元不易準確。而命宮亦有時而悞。蓋生時一悞。而命宮即不能確也。如生時準確。命宮極有用。如甲辰乙亥辛酉己亥。此造辛金生於小雪後。水冷金寒。生氣毫無。然二亥夾酉。兩藏戌土火庫。年命在辰。以明冲暗。而胎元丙寅。命宮在午。會成三合火局。以救四柱偏枯之氣。而成金水傷官喜見官之局。故環境極優。但二亥洩身太重。惟體質孱弱耳。觀此造即可知暗神及胎命之用大矣。

宋以前看命。取年命干支為主。配合四柱。以定吉凶。至宋徐子平。始易以日為主。棄年命而不譚。後人因之。以至今日。然年命移為本根之地。豈能屏棄不顧。如斗數河洛等命書。奇門六壬等卜術。仍多專重年命。用之有效。推彼及此。勢須兼顧。如得時得勢。氣厚力充。仍須取以左右日主。以配合四柱推斷。

月令

看命先推月令淺深。以當令者取用。如無用可取。方論格局。此乃定法也。茲以木舉例。木旺於春。甲乙平分主事。但立春後。甲木得時不旺。雨水後。其氣方盛。至驚蟄後十日。始換乙木主事。至清後十日止。旺極而衰生。此木旺於春之時期也。但春木雖旺。却不能受尅。尅神重必倒。反不若生氣之月。休相之時。而能任尅也。故春木用官煞。多難大顯。至於夏季。其氣日見衰微。至秋季。則衰弱已極。由白露至霜降之前。其氣瀕於絕滅。迨霜降之後。由絕轉生。漸次受氣。至立冬而逢生矣。大雪之後。冬至之前。沐浴敗地。雖生而仍弱。冬至一陽生。其氣漸壯。至大寒則生氣已足。能卓然獨立矣。舉斯一例。以概其四。

倘若秋月之木。黨多援衆。或比刦林立。謂之黨衆勢盛。比木成林。雖秋季亦以旺論。且不畏尅制。

月令之神。用以爲喜神。爲用神者。忌刑冲。另成格局。不恃令神者。則不甚畏刑冲。

總之月令乃運源之要地。總以不合不刑不冲不傷爲吉。稍有所犯。即見否徵。如爲用神。其禍尤急。此必須注意者。

日主

子平諸書。日元專主强旺。是亦不然。五行之理。此旺則彼衰。故有建祿不富。背祿逐馬之說也。如庚金日元。建祿生提月。然木至申而絕。火至申而病。財官並屬無氣。日元雖强。何所用之。

或有主日元衰弱爲福者。蓋日主衰。則財官旺。此說自較日主强旺之說畧勝一籌。緣本命財官旣强。則富貴之基礎已立。行運補助日元。而富貴立至矣。豈不較空有强壯身體。四無依傍者爲佳。

總之是二說者。所見皆偏。日主最貴中和。或進氣之時。自然富貴易至。且多安逸也。

日元坐支關係最緊。如爲財，官，印，食，天乙，等吉神。爲福重。如爲煞，傷，梟，刃，等凶神。爲禍切。

生時

生時乃八字結穴之地。一命之吉凶禍福。進退成敗。皆可由生時推得結果。如日主稍弱。用神較强。而時逢印祿。生扶日主。即爲富貴之造。如日主强旺。用神衰微。而生時扶助用神。亦可致用成功。不但此也。凡一命之强弱喜忌。宜抑宜扶。年月日三柱。所不能調護彌補者。忽得生時以補其闕。而矯其弊。必爲當貴之命無疑。反之年月日體用俱備。而生時或助忌神。或刑冲貴氣。必屬始吉終凶。晚年不利。或竟始成終敗之命。關係全局有如此者。可不重視之哉。

四柱足以左右全局者。月提之外。生時最重。蓋月時夾輔日元。其氣緊切。二者有同等力量。不能偏廢。近世命理取格取用。月提之次。即屬生時。而且由生時取得之用之格。貴氣較重。如時上財，官，煞，印，食，祿，外。再如趨乾，趨艮，鼠貴，朝陽，合祿，合珠，刑合，遙合，夾拱，反冲，等格皆是也。良以時由日生。日主一日之氣。而時則秉降生時一點之專氣。爲日主之分體。故其重要有如是爾。

總論四柱主事

年月日時四柱。每柱主事十六年。至二十年。故年命吉。則幼年安樂。月提占。則少年榮顯。日時吉。則中晚富貴。又可以年月主三十二歲以前。日時主三十二歲之後。此法屢用屢驗。故不待推大運。即可知顯晦大概情形也。

大運流年

凡推大運之喜忌。須將本命之喜忌推闡明白。則禍福吉凶一望而知。如命理之格局不足，不清。用神，喜神，藏而未露者。逢大運足之，清之，透之，皆能補造化之不足。乘時奮發有爲。今之顯者。多屬此類。得時則篤。運過即晦。皆賦命使然耳。

行運最重地支。天干次之。尤須注意蓋頭截脚。即天干地支五行相反。如運逢庚午。庚金坐敗地。雖吉力微。爲害亦輕。遇此類。只可注重地支。減輕天干成分。如等量齊觀。必然錯悞。設如四柱原有申酉等字。爲庚金根氣。則不作此論。餘仿此。

大運乃本命流行之氣。最忌冲激。如太歲冲運。爲禍必重。運冲太歲。爲患較輕。凡遇歲運冲戰之年。無論彼此。多見災非。如大運與本命業見冲激。再遇流年冲運。必有凶禍。此屢試屢驗者也。

昔賢以大運況所至之地。流年如所遇之人。比喻最切。如人行至安全之境。繁富都市。所遇皆爲上等人物。必吉矣。再如行至安全之地。而遇強悍凶人。但地界安穩。凶人亦無所施其技。亦必無害。再若行至危險之地。而所遇之人。和善慈祥。亦可平安渡過。又若旣履險地。復遇凶人。爲患必矣。故流年大運。必須兼顧推斷。方能有驗也。

大運助成格局。補造化之不足固吉矣。然格局原本完成。行運冲刑破格即凶。然逢合破格亦禍。昔人視合神多以吉斷。其實多謬。如魏宗祥八字。己未庚午辛丑辛卯。原可以午煞爲用。但午未合。則不冲丑。反成辛丑辛卯。拱寅宮財貴之格。運行至亥。明亥合暗寅。而且亥卯未三合木局。卯木爲亥未合去。失去拱用神之力。甲戌年。地支三刑。三合會三刑。放出午火七煞。拱合之用皆破。三月病歿。觀此則知大運流年。刑合破局。爲害之烈。固不減於冲神也。

五行專一之格。忌行官煞運。尤以火水二象爲甚。如五行炎上格。行水運。禍不旋踵。蓋與薪杯水自爲火焚矣。潤下格逢火亦然。

看命抉微

鄒氏曰。子平以日干消息四柱。是片面的。必須四柱與日干交換消息之。方盡變化。例如甲日以柱中丁火爲傷官。而丁火亦以甲木爲正印。甲日以寅中丙戊爲食神偏財。而寅中丙戊。亦以甲木爲偏印七煞。一授一受。一制一承。而身分定。賓主分矣。甲生丙。甲爲偏印。印主文秀。故甲見丙聰慧而慈祥。甲克戊。甲爲偏官。偏官主智慮。故甲見戊氣壯而威嚴。此如兩人相對。彼心目中有我。而我心目中亦有彼。由此推之。日主與四柱相爲消息。乃自然之數也。但日主一日之事。四柱七字。悉與之生尅制化。以成一日之功。設無日干。則七字雖具。而財官印食等。即無從而起。與家國無君長。而倫序不明者何異。故主象必立於日。而吉凶之朕乃明也。如丙日以乙爲印。乙以丙爲傷官。丙見乙即帶有乙之傷官。視乙在何宮。即知丙之所傷何屬。如年干透乙。即知父母不利也。

貞下起元。父母命運。所關於子女者極重。雖或亡故。其年命與大運。亦有極重要之影響。設如八字喜水。其父母年命爲亥子生人者。八字忌金。而父母爲庚辛生人者。一吉一凶。無形增損。設如父母故後。所行吉運。其家必興。行敗運。其家必替。是以有時見命運皆吉。而迄少成就者。其原因可深長思矣。

丁爲星光。爲電火。不必甲乙生丁。庚辛生丁尤妙。

落生之時。時刻定準。固然切要。而陰晴風雨。亦有關係。如戊生午月。

火旺土燥。四柱缺水。然夜生值雨。是爲得天時。必能救其偏燥之氣。反爲佳造。

四柱過猶不及。皆謂之偏枯。凡遇此象。一生必有缺憾。尤以缺火之人無子最驗。缺水或水多。或多見亥。皆主好色。火炎土燥。金清水冷。木盛金剛。皆主勞碌。七煞主威權。不必一定掌兵刑。衣食爲人生第二生命。掌衣食予奪之權者。則操生殺之威權。

凡柱內僅有一財者。當然爲妻。如財多不論正偏。皆爲外遇。初不必限於妻。故偏財重疊主淫佚。

五行衰旺。看月令之外。即以干支多助寡助。爲強弱之分。四柱干支須不反覆。其力緊切。如天不覆地。地不載天。自然減力。（以上簡錄命學發微及新命）

凡物太過不及。皆不爲福。須大運抑揚。使歸中和。方爲吉慶。財官印食。喜驛馬。蓋過旺之物。須驛馬發揚之爾。

凡八字得夾拱虛遙。暗冲暗合者。爲上格。病重得藥者次之。病藥兩停者又次之。五行中和者。庸人庸福。斯爲下格矣。吉神用神受尅制太甚者。雖有救而富貴不久。濁中包清。危而有救。雖困貧而不長。

八字中支神。應分別得氣淺深。即大運支神。亦宜分別推其吉凶。譬如己生未月。在小暑十日。戊爲木旺。癸生辰月。在穀雨三日前。戊爲水旺。庚金生巳月。而不弱。以其值小滿七日內也。甲生寅月而不强。以其值雨水十日前也。壬水生於立秋七日。正屬當旺。丁火生於寒露十日。亦爲得氣。餘類推。大運支神。亦應分別其氣之淺深。而定喜忌之先後。方能有驗也。（節錄人鑑）

八正格

正官忌刑，冲，破，害，傷官，七煞。貪合忘官。刦財分福。印多洩氣。時歸死絕。見此者。即爲破格。官星無用。官星不必專重月提。或月干，日支，生時。只有一處得氣無傷。即可取用。以透干爲上。

陽日食神合官。陰日比肩合官。逢之官星無用。金官職位清峻。主掌刑獄財賦。木官品秩清高。和俗守職。火官主炎赫猛烈慘酷。發落不常。水官由卑升高。循序而進。土官穩重質直。法令清明。

正官爲用。須財以生之。則官有根。印以衛之。則傷官之患遠。二者並見。須一正一偏。不然未爲官之佐。而財印[illegible]尅戰矣。如財印分見於[illegible]。

則不忌。

逢官看財。如正官衰弱。固喜財扶。如當令正官。亦不倚財也。

日主與官星同旬。或同遁。坐貴。皆主貴顯。如甲子見辛未。是爲同旬，同遁，坐貴，並值。主官階崇高。餘仿此。

偏官　日主旺有制爲偏官。主弱無制爲七煞。身煞兩强。無制過不及之弊。方爲上格。

看煞之法。首重日主。主强煞淺。假煞爲權。可以無制。身煞兩停。微喜見印。可以無制。主弱逢煞。不論强弱多寡。必須有制。

煞重煞明。必須有調護於其間者。曰制。曰化。陽干七煞。可制化並用。制煞用食神。化煞用正印。陰干七煞須印食分用。一用於干。一用於支。同見於天干。則食印六合。而失其制化之功用也。

陽干用傷官制煞。不可用印。逢正印則制傷而護煞。(煞乃印母)遇偏印則合傷而化比刦。於制化之功。反㑹兩失。陰干傷官合煞。無庸用印也

陽干用刃合煞。是乃本氣。陰干用傷官合煞。是爲外助。凡鑽悔排難。用本氣者則情切。用外助者則氣虛。如甲用庚煞。甲乙同爲木體。以乙合庚

。有兄弟急難之象。乙逢辛煞。以丙合辛。丙乃火體。與乙不同氣。是乃外援。而且丙爲乙之傷官。洩乙之氣。同一合煞也。而吉凶有間矣。故七煞爲用。制化爲上。合煞次之。

主強煞弱。宜財助煞。煞輕制重。宜印護煞。

主弱煞強而微帶印食。不能從煞。再逢財煞。必見災害。倘無印食。而微有根氣。歲運助煞。必凶。

凡身煞兩強之局。無論是何體段。總以助身爲吉。故陽干宜見刃。陰干宜見印。蓋印刃皆助身之神。逢之故吉。如四柱原缺。歲運逢之必吉。所謂印無煞不顯。煞無刃不威是也。

七煞羊刃成局。固主威權。而歲運成此象。必有革故鼎新變更之事。逢吉星而革新易成。逢凶神反主奪權。

七煞忌身弱。忌正官。忌刑冲。忌入墓。會局。傷殘。煞強並忌財。

煞印格兼刃。再見財比。爲軍符。主兵權顯赫。

官煞去留　官性正大。煞性偏橫。不可混雜。不可並見。混雜爲禍。並見爭權。故去留尚矣。煞在干。官在支。非混也。官爲煞之根。煞衆官微。非混也。官反助煞之勢。似此者皆可不去。如官煞兩停。見食神則去煞而用

官。見傷官則去官而用煞。見印綬。則化官煞之氣。此去留之簡單者也，

官煞去留。以盡淨爲上。如不能盡淨。而各有理會。安排得宜。亦妙。但專以官混煞。切勿用煞混官。大運同此。又凡所去之物。大運再逢。必爲凶。極驗。

丙火以癸爲官。而地支亥子並見。是爲一氣乘旺。非混也。壬癸兩透。月氣絕敗。互助圖存。非混也。干煞坐官。干官坐煞。是爲干乘旺位。只以干取。非混也。如此者皆似混而實非混也。毋爲去留。於局無損。

官煞去留。尅去固吉。而合亦可用。如陽日食神去煞留官。實則合官而留煞。陰日傷官去官留煞。實乃合煞而留官。蓋合此即不能尅彼也。所謂貪合忘官。貪合忘煞者。乃日主有合是也。如丙火以壬癸爲煞爲官。見一辛字。則丙辛化水。與官煞一氣相合。自忘之矣。或官煞逢合亦是。乃官煞貪合。自忘其身也。

印綬　身弱而用財官煞傷者。皆喜印綬扶身。逢印爲福。印之用不必當令。有根氣皆可取。惟不可破。大運亦然。

印綬爲權星。凡傷官見官。逢印必掌政權。或兵刑之任。煞輕身重。逢印亦必顯貴。

食神制煞之局。遇偏印必有凶禍。十驗八九。此格見正印亦能破局。陽日食神制煞。尙可見印。陰日食神制煞。偏正印並忌。蓋見偏印則奪食而縱煞。見正印。則合食化象。另生變化。或反助煞。其禍倍緊。如辛日以丁爲煞。癸水爲食神。己土爲偏印。戊土爲正印。以癸食制丁煞。逢己梟則奪食。而放出七煞。如逢戊印。則合癸化火。反助丁煞爲患。倘歲運成此象。主禍不旋踵。但其他四陰干。食印合化。不盡助煞。試分述之。以窮其喜忌。乙日丁食壬印。化木帮身。丁日己食甲印。化土制煞。己日辛食丙印。化水生煞。癸日乙食庚印。化金洩煞。凡遇此象。須細究其變化。始能盡其喜忌也。

偏正印不宜並透。遇之則主爭權。甚或偏以害正。而失位破家。不堪收拾。歲運並臨演此象。必主破敗。或失位喪權。

正財偏財　看財之法先看日主。強則喜財。弱則不利。正如吾人。身強體壯。而享妻妾之奉。身體衰弱。必爲妻妾所厭棄。身弱逢正財。尙可勉用。身衰逢偏財。絕難得益。

財皆喜祿。不論年祿，建祿，專祿，歸祿。以及拱祿。皆非財不發。二者實相表裏。用財逢祿。不貴必富。行運亦然。

凡財喜專一位。得時得氣或得勢。富貴成家。爲人秉性燥急。二位性氣減半。貴亦差減。三位四位。耗氣洩身。勞苦生受。如日主強旺。尚可小就。

子平逢財看官一語。乃指用財有比刦而言。如無比刦。以獨財爲用。無須官星相牽制也。

偏財忌比刦。身旺固忌。如身衰主弱。食傷出現。比刦反爲吉神矣。逢財用比。乃取以助身。非用以分財也。

財旺勢盛不可制。當棄命從之。行運助財則吉。行運刦財助身必凶。

從財格。陽干從而不專。陰干則必從而無反復。

食神傷官　食神秉偏氣而生。合官合印制煞化刦比鎭刃生財。氣象高華。爲菁英發榮滋長之神。秀氣之所由生。故心高好勝。自視不凡。日主強健。食神得氣。成局有援。更逢財星。勝過一切格局。以爲用神。多吉少凶。

近人命書。有謂官星逢食神。謂之重官。主官貴崇顯。是亦有不然者。陽干食神見官則合。合則兩不得其用。陰干食神見官。則食神爲官星之官。如以食神爲用。見官爲閑神。以官星爲用。則食神以正氣臨之。官星受其統制。反畏縮不前。皆不得用。故用神最喜專一。倘有過與不及。再看輔神。豈可互為牽掣乎。

食神喜天干透出。逢祿尤吉。是為天廚食祿。不宜多見。多則化傷官。反爾不美。如滿局食神。日主無根氣。正可從之。與從財從煞同。

食傷並見。亦為混雜。用食神見傷官。其剝奪秀氣。尤甚於梟神。主受小人之害。去傷方吉。用傷官則不忌食神。喜見財星。

子平之理乃恩怨報復。用食神見七煞。即為報復之最者。故食神功用在制煞。但食輕煞重則畏縮。食重煞輕則遺忘。

食神生財。陽干偏正財並宜。陰干見偏財雖暗劫。而可助食。見正財則暗梟以傷食。且並害正印。為害最深。如乙木以丁火為食神。以己土為偏財。然己能合甲。為丁之正印。為乙木之劫財。惟甲能助丁尚吉。若見戊土為正財。而戊能合癸。癸為梟神以害丁。並能傷乙木之壬水正印。如此象則主父母受尅。財帛暗消。

月令傷官。四柱結局皆在傷位。無沖無破。或月時上傷官一位有氣。四柱無官星。謂之傷盡。身旺，財旺，或印旺，必為貴人。目下時賢多屬此格。

看傷官之法。首重日主强弱。主强則喜財。主弱則喜印。財印不妨并用。唯須一正一偏。始無相爭之弊。如四柱舒配合宜。理氣不悖。則俱正俱偏。亦未始不可用。固不必用財必去印。用印必去財也。

眞寶賦。載傷官各格。皆有獨到之處。舉例如下。

傷官逢刼刃。兼將相於明時。印綬若相扶。登龍門於早歲。（如日主弱用傷官喜刃印相扶之格）

傷官得食神重輔。麟閣圖魏相之功。歲運忌制伏刑冲。再傷官而禍至（此條係官）

傷官多而見官。頑石產玉。原有官而再見。災禍連綿。傷官如帶煞刃。出將相而入公侯。（喜行財官運無印喜行印運主遷官歲運同）

德秀若助傷官。握兵權而仗節鉞。

傷官透而正官隱。運煞印而位重權高。

傷帶財印兼生旺。而持綱持紀。

以上數條。用之極驗。但命格繁雜。惟須運用而變化之術。

甲木傷官寅午全。火明木秀利名堅。運行最怕財官旺。見戊須防損壽元。

乙木傷官火最強。運逢官煞轉爲良。只怕水多傷不盡。一生名利有乖張。
丙火傷官燥土重。運行財旺福興隆。如逢水運遭傷滅。世態紛紛總是空。
丁火傷官土又柔。主人驕傲有機謀。運逢印綬連官煞。唾手成家孰與儔。
戊土傷官最怕金。柱中極畏木來侵。金衰不當行財運。土既消磨金又沉。
己日傷官金最旺。弱金柔土喜財鄉。運行官煞終身禍。名利興隆不久長。
金水傷官喜見官。運逢官煞貴多端。正是頑金逢火煉。少年平步上雲端。
辛日傷官申子辰。傷官傷盡喜財星。東南順運滔滔好。背祿行來仔細尋。
壬水傷官怕木浮。見官見煞反爲仇。若行財旺生官地。福祿無虧得到頭。
癸水傷官怕見官。最嫌戊己透天干。再行財旺生官地。世事勞形禍百端。

右傷官十論。爲劉君亞農所示。議論精闢。得未曾有。亟刊之。出於何書。則不復記憶矣。

舊說當令爲眞傷官。不當令爲假傷官。如以不當令者謂之假。則非月提所取用之財官煞印食。皆可謂之假乎。如此則非假。何以只有假傷官。是乃不通之論也。又有眞傷官用印。假傷官用財之論。亦屬非是。日主弱而傷官旺。則宜用印。節制傷官扶持日主。若日主傷官並盛。則宜用財。以發洩傷官之氣。豈可不論日主強弱。而以財印固定其用乎。

傷官見官。有可見不可見之別。是亦不然。如以金水傷官喜見官論。金水生於天時寒冷之時。喜火以救其偏寒。乃時令之所需。所謂水冷金寒愛丙丁是也。如生於春夏。豈可亦作此論乎。可見不可見。乃時令之關係。非傷官本身之關係也。

傷官見官格。有印見官。必握重權。惟不可見財。逢財破印必禍。大抵此類格局。再見刼刃。反主權威並著。有財見官。以財化傷官而生官。亦可無害。且主晚年豐豫。如純傷官局。無反無財。見官必禍。

陽日傷官見煞主福澤。權位崇顯。如見正印。則制傷而護煞。見偏財則洩傷以助煞。皆主破格無用。有此象須見化解。陰日傷官見煞。則傷煞六合。如爲忌神。則以合爲吉。爲用神。逢合傷用則禍矣。

滴天髓有從兒格。即從傷官也。日主弱傷官重。或滿盤皆傷。當棄命從之。即倚凶神爲用。但須引長傷官之氣方吉。如傷官生財。取其疏暢生發之氣。所謂從兒不身強弱。但願吾兒更有兒之論也。行運亦然。忌破傷官助主則凶。

食神傷官有尤秀之格。一木火通明。以春月木主遇火爲妙。二金白水清。以秋月金日遇水。金水相涵入格。三水木清奇。以二月癸日逢乙卯木爲上格。四土金毓秀。以八月己土日主逢辛酉金氣入格。日主强旺。傷官與官煞並立。勢均力敵。須注重食傷。後及官煞。不可專取官煞之去留也。如己亥乙亥丙午己亥。七煞當令。理應取煞印。然傷官兩透。祿於午。反取傷官制煞。印綬扶身。又如己亥丁丑丙午己亥。日主旺。傷煞兩重。用取傷官制煞。羊刃幫身。是爲傷官帶煞刃格也。以上兩格。皆主武貴。

比刼祿刃

身强比肩刼敗重無食傷。須官煞以去之。俾免刼奪之患。即比肩要逢官煞制之謂也。身弱傷官食神盜氣。或財旺而官煞重。則須比肩刼敗助身。轉弱爲强。即日干無氣。遇刼爲强之謂也。

乙丁己辛癸五陰干。皆謂刃在辰未戌丑。以墓爲刃。無乃牽强。乾元秘旨則謂在寅巳申亥。五陽干順行。以祿前一辰爲刃。五陰干逆行。抑何獨不然耶。

祿格之中。以日祿歸時爲上品。日祿次之。建祿格之下矣。五行之理。此方旺則彼方衰。乃對面峙立者。故財官當令。日主必無氣。得歸祿或日祿以助日元之氣。當能任財官之氣。而貴顯易成。建祿則不然。蓋日元逢建祿。則當令專旺。而財官皆在衰方也。須大運助財官始吉。故古人有建祿不富之說。且主難承祖業。及離祖尅妻。

無論祿在何位。皆喜財星。無財必貧。祿格用官不易顯達。蓋當旺之氣。不能任尅制也。極驗。

比刦二者。煞旺用之。食傷重用之。財多身弱用之。刃以助身。（乃地支羊刃如甲見卯之類）尤妙於合煞。蓋煞刃皆爲煞氣。其氣剛暴。用之得宜。反主威權。

夾拱包藏虛遙暗帶

拱格凡七十二。能得用而純吉者。十不逮一二。拱祿，拱貴，夾官，夾財。雖然吉昌。而夾拱凶神。惡煞。爲禍亦烈。

拱格首重空亡。不但所拱夾之物逢空無用。而日時有一空亡。雖拱亦無力。如甲寅日甲子時。拱丑貴。癸亥日癸丑時。拱子祿。而子丑空亡並見。癸酉日癸亥時拱戌字爲夾丘。亦屬日主旬空。又甲子日甲戌時。乙亥日乙酉時。壬子日寅壬時。所拱亦落空宮。皆爲無用也。凡命繫此象。主虛名虛利。鏡花水月。華而不實。

甲申甲戌拱酉字。乙未乙酉拱申字。舍明見之官煞而不用。反取夾拱之物。亦理之不通者也。

凡夾，拱，虛遙，暗帶之物。爲吉神。助用。壯氣勢。增進全局之貴氣。皆可用。但忌空亡刑冲破害。合奪壞局。皆無用。

夾拱之物。不必日時同干方爲有用也。如同旬二位。中隔一位。則所隔之位者。吉必爲福。凶必爲禍。其效甚緊。同旬二位。中夾三位五位七位。皆極有用。

夾拱或虛遙端門帝闕。尤多大格。如子年午爲端門。未年丑爲帝闕之類。例如子年生人。月日時有巳未二位。是爲夾拱午火端門。再如寅戌半局。虛遙午火。亦合局有用。又如未年生人。柱中見子寅二位。中夾一丑字。即爲夾拱帝闕。如巳酉半金局。虛遙丑字。亦合格有用。大忌空亡刑冲。則夾拱不同。虛遙不成矣。袁世凱即虛遙丑土帝闕。惜逢空。而帝位未成。此二格合局必然貴顯。極驗。

又有夾拱辰戌天魁天罡者。合局主權位顯赫。職近兵刑。近人多有此象。亦驗。

拱方亦可用。但氣局過於闊大。設非本命合局。殊難取用。但合格必大貴如姜桂題八字。癸亥丙辰庚申庚辰。二辰夾申。兩拱巳午未南方火氣。又如曾毓萬八字乙亥癸未己亥辛未。亥未之間三夾申酉戌西方金氣。爲土金毓秀之局。但爲拱傷官。雖然疏洩菁華。不無順中伏逆。得失不之感耳。是皆拱方格也。

二干相同。支藏一字爲拱。二干相異。支藏一字爲夾。同旬虛藏數位者。則爲揖。（說見妙選）又爲包藏。若三合之局缺一位者。爲虛遙。非此上之論。而藏一位可用之神者。爲暗帶。此類多在月日之間。然夾之爲用。暗夾之外尚有明夾。如二辰天罡夾日主。卯巳風雷夾日主。辰戌魁罡夾日主。寅辰龍虎夾日主。如此類明見成象之神。皆謂之夾。

祿馬同鄉格

壬日臨午。癸日臨巳。丁日臨亥。辛日臨巳。戊日臨子。皆爲此格。但以壬午癸巳兩日準確。主富優於貴。壬午日尤喜見寅辰。可合土騎龍背。六壬趨艮格同看。其他三日。非有官而無財。即有財而無官。與祿馬同鄉之定律不合。故取壬午癸巳二日爲準。如壬癸日干巳午坐於日支。見於月時得氣。亦爲合格。忌沖刑合化破格。如張宗昌。壬午壬寅壬寅戊戌。此局即合祿馬同鄉。六壬趨艮。玄武持劍。水火既濟。於一局。行木運合午。

戌辰流年戌冲。一合一冲。火局破矣。故一敗塗地。壬甲年死於非命。又如荆有岩庚子癸未癸巳壬戌。癸生季夏。比助爲吉。地支巳未夾午火端門。戌兩離一氣。戌時旺財逢庫。故以軍職而掌財權。丙運最佳。戌運不靖。是爲玄武當權格。其氣象與張無殊。六癸陰干。和而不暴。是以發跡不同耳。

五行專氣格

金爲從革。木爲曲直仁壽。水爲潤下。火爲炎上。土爲稼穡。勾陳得位。此五格。滿局皆成一體。如炎上全局皆火。曲直全局皆木。凡成此象。首忌官煞。決不可尅制。最喜食傷逢財。疏洩其專旺之氣。行運亦然。又名一行得氣格。如秉一方之氣尤吉。唯須有生氣。氣機流動。不死不滯。爲合格。

暗冲格

凡倒冲之格。以此端之氣。冲彼端之氣。以爲用是也。萬物有此端。即有彼端。然非此端之氣極强極盛。亦不能冲起彼端之氣以爲用也。舊書僅有壬子癸亥庚子辛亥等數日。是亦不然。凡全局無財官可取者。日時同辰即能反冲爲用。如有三支或四支相同尤妙。如內日午多。冲子水爲官星。柱中再見癸見子即破格。行運同。書有井欄斜叉格。以申子辰全。冲寅午戌爲用。亦極有理可取。但柱中再見火即破格。

暗合格

暗冲爲直線的。暗合爲迴環曲線的。是乃物理之必然者也。局無財官。以日支同者。暗邀合官之財官爲用。其力稍次於暗冲。其法以戊戌日。戌多合卯爲官星。甲辰日。辰多合酉爲官星。支神愈多。其用方眞。忌冲刑塡實。行運同。

兩神成象格

四柱各得其半。不雜不亂。各秉生旺之氣。合格。如金水各半。水火各半。只要兩神淸澈。即爲入格。倘不均停。或稍偏畸。即非。如癸亥辛酉癸亥辛酉。金水兩停。合格。

雜氣格

舊說以少忌墓庫。逢庫必冲。方爲得用。是亦不然。庫有可冲不可冲之分。墓有可閉不可閉之別。四柱過於發揚震蕩。必須用庫以歛之。使歸翕得其宜。用神受冲尅逼迫過甚。需入庫以藏之。不致爲忌神所破。忌神深藏墓中。視爲閑神。不動可也。一遇冲動。禍不可言。如是之庫。皆不可動也。辰戌丑未。乃戊己之主體。非墓中物也。乙辛丁癸乃四方之餘氣。亦非墓中物也。辰中之水。戌中之火。未中之木。丑中之金。乃墓中物也。必所閉錮者。唯此四者而已。此四者果爲用神。或天干之氣。逢墓閉錮。必須脫墓而出者。疏通可也。如其氣極弱。方依墓庫自存。一旦冲開。始吉終凶。禍不旋踵矣。蓋此些微之物。原爲吉神。一旦冲出。固見休徵。但冲出之後。一現而氣絕。後無繼者。自然禍矣。比之人事。猶如養生之具。僅此田畝。謹護之。勉得溫飽。一旦圖快意。舉以易金錢。肆意揮霍。翹足而罄。將來之禍。尚可言耶。故墓旺者尚可冲。衰者則決不可冲矣。墓之關係。既如上述。生當其月。何以取用。應以節令爲依歸。如辰庫生於清明十日後。乙木餘氣主事。戊土進氣。穀雨三日前癸水主事。穀雨後戊土主事。乙癸氣盡。但不論在乙木或癸水主事之時。必注重戊土。寧可以乙癸爲閑神。不可以戊土爲閑神也。如四柱天干透出庫中物。爲力極大。得用固吉。否則須有配合安置方妥。餘倣此。

化象

化氣之局。在天干首重專一。無爭無妬。方爲合格。尅我我尅。生我我生。皆爲破局。如甲己合化。只有一甲一己合格。如二甲一己。二己一甲。

則爲爭合。見乙庚爲妬合。蓋乙刧己。而甲畏庚。見丁壬則破局。丁壬化木爭己。而且丁生己。壬生甲。全見破局。見一字則損局也。行運同。

化氣之成敗喜忌。專取乘支以斷。月支最重。乘時令之氣也。時支次之。結局之氣。所歸宿也。日支尤關切要。必須助所化之氣。年支只取理氣不悖。即以吉論。此大概之取法也。但月令務得化氣本鄉。時支必須生旺。即爲眞化。反之則爲假化。然假化運行生扶旺地。亦可化假爲眞。際會風雲。必博一時之顯達。運過即敗。眞化行運。唯喜生旺得地。印綬扶身。如舒孝先八字。丙子辛卯癸酉戊午。戊癸化火。生於仲春。木旺火相。卯木作印。時逢午火旺地。年月丙辛合而不化。故危而不害。年日地支逢子酉。爲化氣衰敗之地。未免減色。乙未運。印綬坐庫。生扶火氣。握臨淄銅符者九年。丙運尚吉。申運水之生宮。丙辛化水相尅。即見檮杌。破敗頻仍。又如常之英八字。癸巳戊午癸巳戊午。二戊二癸皆合皆化。地支巳午純火。化成純一之象。誠乃大人虎變者也。乙卯一運。印綬生扶最吉。甲運尅制戊土。故否。寅運較佳而不純。癸運爭合。專看流年如何耳。

化局以日爲主。合月時之天干。方可取用。如日干合年干。氣遠難成。年干合月干。或月干合時干。雖合化得氣。亦不取。因與日主無化氣之關係也。

滴天髓論化氣。無論五行何象。專取辰字爲必須之用神。蓋以辰龍變化。取以運化其氣耳。但逢辰固吉。無辰得氣。亦自可用。非必須之定也律。

化象天干易斷。而地支難明。年月日時。逐字推敲。生旺休囚之外。並須察其冲合變化之關係。蓋明神易取。伏神難究也。是以化氣一格。十失七八。俗工且不敢取斷。滔滔者若此。何以窺天人之奧哉。

從局

從局凡四。從煞，從財，從食神，從傷官。無論從何神。只要從神生旺。扶之助之。則吉。損之破之。則凶。日主猶須毫無根氣。從之方眞。逢根氣破敗無成。行運同。

論六親

往哲發明命理一學。源出大易。參以天文。固未出卜筮範圍也。意在決禍福。定違從。故於吉凶之占多驗。若以一人之命。決定父母兄弟妻子之貧賤壽夭。畸重畸輕。固無是理也。以術獵食者。挾一探字訣。專以六親取信於人。置最要者吉凶禍福於不顧。不亦惑乎。父母在堂。兄弟無故。是乃孟氏所舉君子三樂之一。誠人生不可多有之天倫樂境也。然問卜者。必斤斤於父母之存歿是問。如父母俱存。忍問其何時將歿乎。若已歿方悲哀之不暇。忍重憶臨歿時之慟慘乎。此乃人倫最慘痛之事也。而必道之。不知是誠何心也。

人生必育子女。果何爲乎。非以上承宗續。下奉終年乎。而必謂父母能尅子女。子女能尅父母。如謂本命尅子女。何如不育子女。設謂子女尅父母。何取乎生此迕逆之兒女耶。爲人子女者。上尅其尊親。何異逆倫罪犯。其何以立於天地之間。是皆不通之說也。

命理上父母宮之吉凶。猶於財官之强弱。並略可以覘上人餘蔭深淺。只以年月取斷。吉神重透財透印。不傷不破。主父母健存。蔭福深厚。反之父母早亡。根基淺薄。乃命理之表現。非刑尅之關係也。

兄弟一宮。極其渺茫。存而不論可也。

妻宮看財。看日支。凡比刼羊刃建祿專祿等命。妻宮皆有不足。而日主干支自冲者。及日支逢冲等造亦然。凡財星得用。日支坐財官。主得妻助。天干偏正財並透者。多主雙妻。

子息先看時支。次看時干。相生相成。不反不背。如支逢財而干透食。支逢官而干透財。時干有用皆主子貴。

看子女多少之法。以五行生旺歇取斷。用陽而不用陰。其法以本命七煞。臨於時支衰旺。定子女之多寡。

歌曰。長生四子中旬半。沐浴一雙保吉祥。冠帶臨冠三子位。旺中五子自成行。衰中二子病中一。死中至老沒兒郎。除非養取他人子。入墓之時命夭亡。受氣爲絕一個子。胎中頭產有姑娘。養中三子只留一。男女宮中仔細詳。如甲乙木日主。用庚爲煞。（切忌用辛）生時在巳。巳爲庚煞長生。主四子。但須再參酌月氣時干得失。推斷方準。

子女有無。看傷官食神亦確。如日主旺。食傷得氣有財主子女。所謂傷官有財。子宮有子。傷官無財。子宮有死是也。傷官主子。食神主女。

女命

昔人看女命。將女子看成附屬物。一則曰日主喜弱。再則曰格局須清。必須有官煞爲夫。必須看財星生扶官煞。助夫興家。而有子。所以女命白無一是。居今世。女子漸次參政入社會。地位力量。已與男命相等。命理看法。宜與男命等量齊觀。取用神。取格局。看夾拱包藏。宜與男命同。以倡導女子服務社會。減輕家庭負担。是在今後治命數學者。與有責任也。若仍遵古法。看女命既與社會情形不合。將無從下手矣。女命在昔重貞賤淫。視再嫁爲奇恥大辱。近年離婚之事。已視若平凡。故對於一官一煞之看法。當已失效。而且女人貞淫。乃身體性慾之關係。能以命理看到者。爲金水食神傷官格。水木食神傷官格以上兩格。食傷過旺者。皆富於情感。土金木火兩格則輕。而日主干支自合者。性慾亦切。再次不屬於本身。而屬外侮。引誘者多。爲勢迫利誘。而失所守。則爲官煞混雜格也。

女命忌偏枯。忌空亡。如冬日金水而無火。夏日火土而無水。多主孤寡蝉媼之命。然木盛多吉。金盛却孤。再如官煞逢空用神逢空。尤主夫星早亡。境遇困阨。

論富貴貧賤壽夭

富貴之造。多取形於象外。以暗神而助全局之氣。必爲上品。得局得垣。格局清純。根氣堅強。亦不失爲上中之命。病重有藥。局偏有救。亦爲中上之格。病藥相當。氣度和平。亦不失爲薦任職也。然此四者。命合局矣。必大運引領順遂。不背不違。始發始達。運逆無成。

貧賤之造。首重日主。非過强無依。即虛弱無力。吉神受損。秀氣被傷。局垣並失。包藏凶神。從化不眞。合多損用。冲多破局。成局被破。刃多無煞。傷多無財。五行偏枯。驛馬空亡。三刑無用。行運反背。有一於此。皆爲貧賤之徵。

壽夭之造。得局得垣。氣充力厚。皆爲壽徵。滴天髓云。何知其人壽。性定元氣厚。註云。靜者壽。柱中無冲無合。無缺無貪。則性定矣。元氣厚者。不特精氣神全。而官星不絕。財神不滅。傷官有氣。提綱補主。用神有力。時上生根。運無絕地。皆是元氣厚也。以著者經驗論。凡食神明朗。或作用神。或居時上。皆主壽。如丁巳丁未丁卯己酉。身强夾祿。秀氣居時。故主大壽。反之氣促神枯。局偏無救。敵衆無援。秀氣微弱。行運助忌神而反背。爲皆夭象也。

此篇成之倉卒不無掛漏之譏其參考書多得力於劉君亞農所示節鈔本命理約言等書中多參以己意文詞不無變換非敢故爲鈔襲也未克逐節聲明謹誌於此雲溪謹啓

滴天髓

劉青田先生著　從化載命理言微不贅

十干

天道　欲識三元萬法宗先觀帝載與神功　天有陰陽得時順其神功

地道　坤元合德機緘通五氣偏全定吉凶　地有剛柔與天合德而神其機賦于人有偏全

人道　戴天履地惟人貴順則吉兮悖則凶　人為萬物之靈故貴

知命　要與人間開聾瞶順悖之機須理會　不知命者如聾瞶知者開之有功於當世也

理氣　理行氣承豈有常進兮退兮宜抑揚　闔闢往來皆是氣而理行乎其間行之始而進盛之極則為退之機學者能抑揚其淺深斯可以言命矣

配合　配合榦枝仔細詳斷人禍福與災祥　言人當細心判斷

天榦　五陽皆陽內為最五陰皆陰癸為至五陽從氣不從勢五陰從勢無情義　五陽有丈夫之氣不畏財煞之勢五陰蓋婦人之象也見勢盛則從何情義之有哉

地支　陽枝動且強速逢顯災祥　子寅辰午申戌陽也其性動勢強其發至速其災祥至驗　陰枝靜且專否泰每經年　丑卯巳未酉亥

陰也比性靜其氣專發之不逸而不泰之驗每至經年　生方怕動庫宜開敗地逢冲仔細看（寅申巳亥生方也忌冲動辰戌丑未四庫也宜冲開子午卯酉四敗也有逢合喜冲者不若生地必不可冲也有逢冲喜合者不若庫地之必不可閉也須仔細詳之）

枝神　以冲爲重刑與穿兮動不動（冲者相尅刑穿又有相生相合者仍有動不動之異）暗冲暗會尤爲喜彼冲我兮皆冲起旺者冲衰衰者拔衰神冲旺旺神發（旺以時令言拔拔而去之也發興發也）

干枝論　陰陽順逆之說洛書流行之用其理信有之也其法不可執一故天地順遂而精粹者昌天地乖背而混亂者亡不論有根無根俱要天覆地載（四甲乂乙而遇寅申卯酉爲地不載）天全一氣不可使地德莫之載地全三物不可使天道莫之容（不冲剋之載不戰尅之容）陽乘陽位陽氣最要行程安頓（安頓休息之也）陰乘陰位陰氣盛還須路道光亨（光亨通達之也）地生天者天衰怕冲（如甲子乙丑丙寅丁卯己巳之類皆地生天）天合地者地旺喜靜（如丁亥戊子甲午己亥辛巳壬午癸巳之類皆天合地）甲申戊寅眞爲煞印相生庚寅癸丑也坐兩神興旺（兩神者煞印也）上下貫乎情協（情協不反悖）左右

貴乎同志 同志不錯亂 始其所始終其所終福壽富貴永乎無窮 年月爲始日時不反背之日時爲終年月不妒忌之

形象 兩氣合而成象象不可破也 兩氣天地也 五氣聚而成形形不可害也 五氣五行也 獨象喜行化地而化神要昌 獨象從財從殺之類 全象喜形財地而財神要旺 全象曲直從革之類 形全者宜損其有餘形缺者宜補其不足

方局 方是方兮局是局方要得方莫混局 如寅卯辰東方搭一亥一未則混局矣 局混方兮有純疵行運喜南還喜北 如亥卯未木局混一寅一辰則有純有疵 若然方局一齊來須是餘頭無反覆 無反復謂得序無悖 成方餘透一元神生地庫地皆非福 元神卯方中枝神 成局餘透一官星左邊空碌碌 左邊右邊謂月餘時餘

八格 財官印綬分偏正兼論食傷八格定 自形象氣局之外而格爲最格之真者月枝之神透于天干也以散亂之天干而尋其得所附于提綱者非格也

影響遙繫既爲虛雜氣財官不可拘 飛天合祿之類同爲影響遙繫

體用 道有體用不可一端論也要在扶之抑之得其宜 有以日主爲體提綱爲用者，提綱爲體，喜神爲用者，有以四柱爲體，皆神爲用者，有以喜神爲證，輔喜神之神爲用者，然惟用之用，與用神之用有別，若以體用之用爲用神固不可，舍此以別求用神又不可，只要斟酌體用眞了，于此取緊要爲用神。二三四五用神者，得非妙論，須抑揚其輕重勿使有餘不足

精神 人有精神不可一偏求也要在損之抑之得其中（精氣神氣皆元氣也五行大約以金水爲精氣木火爲神氣而土所以實之者也）

月令 月令提綱之府譬之宅也人元用事之神宅之定向也不可以不取（用事月將司令之神）

生時 生時歸宿之地譬如墓也人元用事之神墓之穴方也不可以不辨（衰旺中和）

能知衰旺之眞機則于三命之奧思過半矣既識中和之正理而于五行之妙有全能焉（一結）

源流 何處起根源流到何方住機括此中求知來亦知去（不必論當令不當令只取最多最旺而可爲歸局之祖者以爲源頭也看其流到何方流去之處是所喜之神即在此住了乃爲歸路）

通關 關內有織女關外有牛郎此關若通也相邀入洞房（即有情謂之牛郎織女也爲物所間爲之關如得引用會合之神及刑冲所間之物爲通關而其願遂矣）

論官煞 官殺相混來問我有可有不可（劫重刃強官殺可混不然不可混）

傷官論

傷官見官果難辨可見不可見 主弱傷官旺者見印可以見官主旺而傷官輕者見財而可見官傷旺財輕有此劫而可見官

清濁論

一清到底有精神管取平生富貴真激濁求清清得去時來寒谷也回春滿盤濁氣令人苦一局清枯也苦人半濁半清猶是可多成多敗度晨昏 清濁不在水土官殺之分自有一析

清氣濁氣須疑神精氣求之

真假論

令上無真最得真假神休要亂真神真神得用平生貴用假終為碌碌人 妙在一轉

字

真假參差難辨論不明不暗受迍邅提綱不與真神照暗處尋真也有真剛柔不一也不可制者引其性情而已矣 引妙字 順逆不齊也不可逆者順其氣勢而已矣

卽妙字

寒煖濕燥論

天道有寒煖發育萬物人道得之不可過也地道有燥濕生成品彙人道得之不可偏也 要貴中和

隱顯衆寡論 神吉太寡起逐鹿之爭凶物深藏成養虎之患（吉神即喜神 凶神即忌神）强衆而敵寡者勢在去其寡强寡而敵衆者勢在成乎衆强寡而敵衆者喜强而助其强者吉强衆而敵寡者惡敵而敵衆者滯（須細心體貼不可徒作佳文讀也）

震兌坎離論 震兌主仁義之眞機勢不兩立而有相成者存（震卯 兌酉）坎離宰天地之中氣成不獨成而有相成者在（坎子 離午）

六親論 夫婦姻緣宿世來喜神有意傍天財（喜神用神也）子女根枝一世傳喜神看與殺相聯（財爲妻 殺看子）父母或興與或替歲月所關果非細（父母看歲月尤緊）兄弟誰廢與誰興提用財神問重輕（提用提綱用事之神也）何知其人富財氣通門戶（門戶年月也）何知其人貴官星有理會（理會相得相成也）何知其人貧財星反不眞（不眞不可用也）何知其人賤官星還不見（不見有若無也）何知其人吉喜神爲輔弼（輔弼相助爲理也）何知其人凶忌神展轉攻何知其人壽性定元氣厚何知其人

天氣濁神枯了

女命論 論夫論子要安詳氣靜平和婦道彰三奇二德虛好語咸池驛馬半推詳 四語聯消

涇一篇

小兒論 論財論殺論精神四柱平和易養成氣勢攸長無斵喪關星雖有不傷身

才德 德勝才者局全君子之風才勝德者用顯多能之象 大約陽在內陰在外不激不亢者爲德勝才陽在外陰在內畏勢趨利者爲才勝德涂山氏曰以局全用顯四字卜分仁智

奮鬱 局中顯奮鬱之機者神舒意暢象多沈埋之氣者心鬱志灰 陽明用事用神得力天地交泰神顯精通大多奮[illegible]陰晦用事情多戀私主弱臣強神藏精洩必多困鬱

恩怨 兩意情通中有媒雖然遙立意追陪有情卻被人離間怨起恩中死不灰 有神引用生化爲媒非媒氏則兩人之情意不通間之者閑神也

閑神 一二閑神用去麼不去何妨莫動他半局閑神任閑看要緊之場作自家 自喜忌之外皆[illegible]

爲閑神不理可也一動反惹出許多事來

出門要向天涯遊何事裙釵恣意留　不欲貴而遇貴不欲祿而遇祿不欲合而遇合不欲生而遇生皆有情而反無情如裙釵之留不能去也

不管白雲與明月任君策馬朝天闕　不爲私情羈絆足以成其大志似無情而實有情也

從象　從得眞時只論從從神又有吉和凶　從象只論所從之神不得再論日主所從生旺則吉衰敗則凶

化象　化得眞者只論化化神還有幾般話

假從象　眞從之家有幾人假從亦可發其身

假化　假化之人亦多貴異姓孤兒能出類

順局　一出門來要見兒吾兒成氣搆門閭從兒不論身強弱只要吾兒又有兒　從傷官從食神

格喜合傷更生財也

反局　君賴臣生理最微兒能生母洩天機母慈滅子關頭異夫健何爲又怕妻　沈子曰制我者

君也我剋者妻也生我者母也我生者子也臣出死力則君寧見盡孝養則親悅母慈滅子禽犢之愛也夫健怕妻大將軍多懼內五行顛倒實有至理存焉

戰局　天戰猶自可地戰急如火（干冲謂天戰枝冲謂地戰）

合局　合有宜不宜合多不爲奇（合喜神則宜凶神則不宜總之合多不爲奇）

君象　君不可亢也貴乎損上以益下（我爲君則財爲臣）

臣象　臣不可過也貴乎損下以益上（我爲臣則官爲君）

母象　知慈母恤孤之道始有瓜瓞無疆之慶（我爲母則所生者爲子）

子象　知孝子奉親之方始克諧太古之風（我爲子則生我者爲母）

性情　五氣不戾性正情和濁亂偏枯性情乖逆（存之爲性發之爲情喜恬靜怕乖戾）火烈而性燥者遇金水之激水奔而性柔者全金木之神木奔南而軟怯金見水以流通最拗者西水還南至剛者東山轉北（山屬土作火者低）順生之機遇擊神而抗逆生之序見閑神而狂陽明

遇金鬱而多煩（寅午戌為陽明）陰濁藏火包而多滯（酉丑亥為陰濁）陽刃局戰則逞威弱則怕事傷官格清則謙和濁則剛猛用神多者情性不常枝格濁者虎頭蛇尾（凡此皆情性之為善惡之殊不專以日主論蓋凡局中莫不有情性觀其情性可知施為觀其施為可知吉凶）

疾病　五行和者一世無災血氣亂者平生多病（血氣亂者不待火勝水水過火之類五氣返逆上下不通往來不順謂之亂故多病）忌神入五臟而病凶客神遊六經者災小（客卽閑神比忌神為輕）木不受水者血病土不受火者氣傷金水傷官寒則冷嗽熱則痰火火土印綬熱則風痰燥則皮痒論痰多木火生毒鬱火金金水枯傷而腎經虛水土相勝而脾胃洩

出身　巍巍科第邁等倫一個玄機暗裏存清得盡時黃榜客雖得濁氣亦中式秀才不是塵凡子清氣不嫌官不露異路功名莫說輕日干得氣遇財星（刀筆得成者與不成者自異）

地位　臺閣勳勞百世傳天然清氣顯機權兵權憲府并蘭台刃殺神清氣勢恢分藩司牧財官協清純格局氣神多便是諸司并首領也從清濁分形影

歲運

休咎係乎運尤係乎歲戰沖視其孰降和好視其孰切

何為戰如丙運庚年謂之運伐歲庚運丙年謂之歲伐運何為沖如子運午年謂之運沖歲午運子年謂之歲沖運何為和如乙運庚年庚運乙年子運丑年丑運子年何為好如庚運辛年辛運庚年申運酉年酉運申年凡此皆宜例推以見

貞元

造化起於元亦止於貞再肇貞元之會胚胎嗣續之機

三元皆有貞元如以八字看以年為元月為亨日為利時為貞年月吉者前半世吉日時吉者後半世吉以大運看以初十五年為元次十五年為亨中十五年為利後十五年為貞元亨運吉者前半世吉利貞運吉者後半世吉予看此論非欲人知老之年而示天下萬世實所以驗奕世之兆而知歡之不可逃也學者勗之

仙筆 體象全篇

甲榦總論

甲乃參天兩地舒枝抽榦之木凡勿論春夏秋冬良枯巨細總要厚土重培先壯根本然後徐尋金木水火以論富貴貧賤若土薄則根搖不論金尅水蕩木刼火焚定遭夭拆

甲子為溪邊衰敗之木先看枝柱土培更有未庫根基方看天上或金或土或水火以定品格若遇馬沖鬼陵必是運乖時蹇

甲寅為碩果品彙之木先要有人看守庶免睥睨剝納而享祿澤果報看守者庚金是也亦忌刑沖

甲辰爲灌漑水松之木最喜丙火庚金發揚特達自然傳名玉殿若水土重叠非貧卽夭

甲午爲工師運斤之木必要利器在手方成棟樑如柱中有辰有亥發福更大

甲申爲砍斷入水之木有水潤精液更與金石同堅所謂枯木宜活水長濡也若一寒一暴枯朽立至

甲戌爲土窖松杉之象土存則存土散則散要厚土培戊忌冲刑然後看官煞以去枝蔓雨露以潤根本壽得時行休合運忌違和五行戰冲運俱不美

乙條總論

乙乃名園佳卉稻黍稷麥之類要冬晒秋灌春培夏蔭最怕甲木偏壓尤忌庚金掣肘不伸足爲害也

乙丑爲沾土初生之木最喜雨暘時若火土溫和倘旱澇交侵刑尅叠見則傾折摧殘

乙卯爲稷黍秀實之木食祿有餘珍重可愛喜財官印綬相護及食傷吐氣忌酉冲子刑甲刼辰害

乙巳爲倒插花瓶之木要泥漿深埋庚辰重纏庶幾安穩易生若遇一陽初復更好一冲則死有搖卽枯得庚相湊則發

乙未爲藤蘿施架之木最喜寅亥甲木高架相支始得挺承雨露沾君恩明帝眷富貴不凡不然則淪委塵土矣

乙酉爲盆花奇馨之木清新馨秀可供帝玩若榦有財官印綬枝無刑破冲敗則鑒貢多而廷獻易最怕午破酉亥刑酉精華卽散

乙亥爲木上寄生之木從死處再生乃有依附傾此者俱是移枝接本或申萎巳冲晚年庶出分離剋剝最要切星安穩則意外奇逢

丙幹總論

丙屬太陽不論春夏秋冬而分強弱只以晝夜而定生息如晝生喜行健自旺夜生宜恬靜養晦進退辰戌尚不可以卯酉輒分晝夜也故卯生人雖丙辛妬合不妨酉生人較齊總昇不妨

丙子爲沐浴咸池夜生真金西北又曰申辰亥丑便爲上乘晝生人遇東南寅午巳卯未方爲有用

丙寅爲日升暘谷晝生會午更來妙雖夜生逢亥如保元氣最怕申風冲馳無端驚動

丙辰爲日輝天際氣息有一番淹滯晝生要乘陽扶起夜生要幹透食傷枝會申子方不障偏倚晝日陰霾夜夢驚醒失却中和矣

丙午爲日麗中天威光赫奕得左右枝柞令水相扶方成既濟若加炎燥難享全福

丙申爲日照崑崙。崑崙之下有泯池太陽至此與水相徹所謂丙臨申位火無焰是也夜生尤喜恬息相安晝生若前後無輔決然多事少成從來紅霞反照雖榮不久

丙戌爲日入地網困沌甚矣晝生不加寅午幫輔夜生不會亥子寒息則其人終無發達

丁幹總論

丁乃陰柔倚燈之火或取于石或取于樹或取於引化總要乾燥不宜濕寒夜生不宜晝甲用一二乙其全靠離日照實難拋若用神取火審其強弱斷莫偏矣壬爲最好

丁丑爲將滅之火將燃於木利用甲激焰於石利用庚總要就火土乾燥若投辰丑兩庫西北二方則丁火之光滅矣。

丁卯爲木屑香煙其火易枯合卯香氣纔極可達帝闕若無壬有癸生滅迭見無壬無癸散漫燥烈易於離散

丁巳爲燈珠之火獨於曦光則炎燃可燎若逢陰雨百觸不生故喜於乙巳丙午丁未忌見金水冀北陰霾運

丁未爲灰燼香煙火生土土亦生火丁未是也其火有煙無燄全賴灰土重埋則延久不滅領之者主聰明多傲骨愈晚而愈康寧也

丁酉爲玻璃光燈夜生分外輝煌晝生亦抱光自瑩最喜者壬水乙木也所忌者癸與甲求全反毀尤忌者午與卯刑冲破耗

丁亥爲風前燭第一喜壬官來合名爲有罩官燈次喜有庚在榦名爲噴鎮在手若無庚無壬而有甲有冲不免貧窮夭折

戊榦總論

戊乃岡陵高阜之土最喜博厚高明之得體更喜喬木以壯奇觀則山有色流水以結知音則山有神峻石以成峭嶁則山有骨如無火不明爲暗山無木不秀爲童山無金不堅爲孀山無水不潤爲枯山使不中矣再戊己重重不妨官煞混雜蓋博厚之土木愈多而愈秀也

戊子爲蒙山山下有泉曰蒙取其空而響也亦看上下左右有財官印綬食神所扶之者何如

戊寅爲艮山取其長生趨長氣聚脈會發育無涯喜殺刃財食忌刑冲破害及中馬馳驟

戊辰爲蟹泉吐顆之山津津細流蓄水從山腰出所謂淺水長流山不枯以重財庫之濡也最怕戌未塡辰
大失元氣

戊午爲火山炎炎燥烈不可無水以潤其兇若重弱不明則用刃以幇身又須酌其強弱配其中和爲貴

戊申爲土山之鑛石者最喜金水木氣綴以成明秀忌火土燥烈神色無枯

戊戌爲魁罡演武之山要刃爲得權博厚爲得用加以刃煞財食相調相扶或戊癸知音可許富貴只忌辰
冲及上下水多爲背水陣

己祿總論

己乃田園稼穡之土先不令官煞混雜必要春耕喜木夏耘喜水秋收喜金火冬藏宜濕土各取中和再得
雨暘時若則富貴穩果帽矣己逢丙火無人不發蓄向陽之地存先到也

己丑爲足水原田極多膏腴秫稻易豐最喜雨露天幹太陽薰炙其苗秀多實或其中有武庫冲開者印煞
得用亦易成文武功名

己卯爲休囚失氣之土其地磽瘠故未中年先主有灰心之論最喜露丙丁藏丑戌庶幾有救所忌者酉子
刑冲

己巳爲嶺頭稼穡不黍實高燥已易見陽只怕湧其年月日時不宜偏晴偏雨

己未爲入土稼穡如芋苗之類土培不深則稼穡不厚喜高燥怕潮濕喜培植怕冲害喜會合化土怕刑穿
剷削

己酉爲築土稼穡雖坐長生實未腴熱最喜榦枝丙寅培植則富貴無涯忌剝削便瘦磽太甚

己亥爲汪地稼穡乃游泥潮濕之地少見陽光惟喜丙火多則易耆秀若遇陰雨再逢陰木終損福壽

庚榦總論

庚金乃銅鐵之類須先辨其生熟以酌配大抵未熟之金必先取木火煆煉方得成器若鋒銳已成之器必用金水淬礪更有光鋩至於劫強好傷又怕財來勾爭全賴壬癸亥子化之者吉

庚子爲倒懸鐘磬金空則響偏宜坐於死絕空地未穿午冲遇冲擊則聲聞寰宇如丑戌相逢火土塡實閉汶無聲矣

庚寅爲入冶爐錘蓋初鎔之金逢木火交集銷去陰翳鍊成美質怕食傷再見難冶可廣至於舒配去留加些辰水泥葉此中另有許多作用

庚辰爲水師將軍須要刃酉相逢方稱前矛果毅或比刦雲集亦是受兵敵傷若逢戊寅資扶尤爲得力經營不然單弱畏怯一事無成凡水師將軍不宜行陸地又怕木火上庫戌未冲刑

庚午爲出冶之金既鍊之物急要榦枝有水淬礪成刑若木火重逢必至過激定主夭折

庚申爲己成劍戟最怕再遇火鄉而反壞若會子辰及辛金壬癸相湊其光氣自冲斗牛

庚戌爲陸路將軍喜陽刃幫助與庚辰同但遇申子辰壬癸水地則手足俱疲全無所施更忌辰冲以其傷突我也

辛榦總論

辛乃珠玉之金性地虛靈氣稟精瑩先要印綬以扶其質更要食傷以吐其氣陽和沙水是其妙劑且春冬喜微火夏秋喜清水更爲要緊

辛丑爲初孩胎息之金胎於戊胎於戌胎於寅者爲土胎於寅於辰於子者爲金急要愛護保持勿令推殘損動

辛卯爲古木之精液也觸曉光而入土凝爲琥珀之類其質脆薄必輔以戊子戊戌及枝柱內戊相扶庶有所托而行於世若無印綬專見食傷吐氣反洩氣無用矣

辛巳爲石中玉璞惟得水足以大發光輝所謂雨後吐彩是也干上透水爲最枝中藏水次之即丙辛化水亦妙有從化見壬癸更作若逢沖尤吉

辛未爲鎔土成金金從土生即得金矣先要戊巳資扶次要壬癸吐氣但己不如戊癸不如壬所忌者甲乙尅土陰霾埋光雖以鍛鍊大約看福禍以土爲主取功名以水爲主二者俱不可傷

辛酉爲珍貴珠寶辛祿居酉乃宗廟瑚璉重器朝家至寶誰不珍惜有水透出加之無木無火無庚沖無巳來納聚使爲尊貴之極也

辛亥爲水底珠玉最喜有寅合亥名爲撈金用篩即登彼岸其金足以表見光輝或土塡水淺觸値泥淤剝庫沈淪苦海終無用矣

壬類總論

壬乃天河雨露之水有雲油然則普潤萬生發育無涯若無根之雨溝渰雖盈涸可立待要者庚辛是也主

用甲乙吐秀火土爲忌以其時而用也

壬子爲洋溢滂沱之水須有煞以制力則氾濫砥柱清晏立煥再加印綬食傷與官煞互相制伏其功名富貴大不可量

壬寅爲霖雨沙堤見其入不見其出故主多富若寅丙並集趨艮利達發福無涯有木透出多是武貴最嫌火土太燥或水滿金頑俱是愚頑之輩

壬辰爲壬騎龍背第一要亥子則龍可潛深淵更喜天幹有甲庚枝下遇卯寅是爲活潑升騰風雲際會惟忌見戊無情。戰野玄黃從來不爽

壬午爲祿馬同鄉水火既濟只看前後孰奇孰正然後補水補火得其均停富貴上品若水火失其均停貴賤下格

壬申爲水滿渠成生生恬息清白在躬再生於秋或際乎庚不問富貴可知生夏春則減乎半矣再察其前後左右有力則用煞無力不用煞最忌甲與戊太狠以至過頹在山失其順流之性

壬戌爲驟雨易晴八個之多是遇而不遇若前後有金水相湊則不遇中有奇遇焉

癸幹總論

癸乃川澤溪澗之水最喜乙木吐氣以生婁文所謂風生水面也如無乙而有卯枝兼庚辛申酉相扶亦是清澈可愛最不利戊土透出化火反使利令智昏

癸丑爲污穢叢雜之水氣息多濁必要乙幹卯枝通氣疏息方成利達不然則甲寅亦可乘風破浪喜見丑

未相沖忌見子丑相合
癸卯爲林中澗泉癸生在卯不惟無一點濆滓且有清風徐來人領之心地慈祥襟懷灑落不類流俗只怕前後濁土相混雜耳
癸巳爲高阜岑阿之水源流固清而財官雙美所喜者山林茂盛雲雨得宜最忌者枝朴亥沖恐堤岸壞而水自枯惟喜水旺且多亥沖反吉
癸酉爲石孔流泉水生於石其源極清其流必長領之者多生於簪纓世胄之家必是清俊文人若前後有木映金潤則易繩武登科及第若有庚無木有木無庚福減半矣無木無庚必愧先人
癸未爲川澤灣曲之水癸坐未庫流有灣曲人領之有智謀多權變最喜命木透干亥卯會枝以成利達者火土重逢遇而不遇
癸亥爲水大一色脈出崑崙氣通乾亥宛然水天一色渾渾淪淪名曰還元之水與天無二再如有乙木清風徐來自然是羲皇以上之人最怕左右巳亥刑沖相混更有狂風驟雨並嫌壬申相雜便不中矣

子平飛星斗數命理潤例

譚命	二元
草批大運流年	五元
加批命運	十元
詳推命理	二十元
加推終身	三十元
細批終身	五十元
通函批命附潤照理	
卜課	四角

中華民國二十三年六月初版

命數叢譚 全一冊三元

著者 雲溪外史

發行者 張雲溪

發售處 北平西安門光明殿三十九號

印刷者 新新印刷局

通訊處：北平西安門光明殿三十九號張雲溪收

勘誤表

頁數	行數	字數	誤	正	附註
一一	八	十三	得	作	
一一	十二	二九	光	艷	
二	此篇命格有慣積篇更正讀此聲明				
六	十九	三二	支〇	〇支	
一三	四	十九	亞	故	
一四	一	二七	借	總	
一六	十二	五四	之論	秀氣	
二三	七	十	寅	戌	
三二	四	十七	下	干	
三九	十四	十九		幕	字跡不清
四一	九	二一	餘	驚	
四六	二	十二	甲	申	
四七	十一	三	作	坐	
五一	二	三十	任	在	
五四	十	十六	他	地	
五六	三	一	地	重出	多一地字
五八	十二	一	驚	局	
六二	十三	三十	遺落一字	滴	考滴天髓漏一滴字
六五	十	二十九	巳	辰	
六七	五	二十一	未	木	
七一	八	十七	運	運	
八六	十一	八	遺落一字	火	用以反冲巳午未火氣
八九	十二	七	辰	辰	
九〇	七	二	始	胎	
九三	十	二九	動	動	
九六	五	四	卸	印	
九九	十一	二十	仍	乃	
一一一	九	七	多	全	
一二五	七	十八	反	印	
一二五	十三	八	遺落一字	論	從兄不論身強弱
一二九	二	二八	遺落一字	定	得失不定之感耳
一三四	五	三二一	也律	律也	
一三六	四	八	走	定	
一三六	五	二三	疑	官	
一三九	六	十三	宜	宜	
一四〇	三	三	空白	只	枝神只以冲爲重
一四〇	八	六五	陽氣	氣昌	
一四一	七	二五四	遺落二字	右邊	左邊右邊容祿祿
一四三	一	二七	此	比	小註第二行有比刼而可見官
一四三	三	三一	士	土	小註第一行不在水土官

編號	書名	作者	說明
占筮類			
1	擲地金聲搜精秘訣	心一堂編	沈氏研易樓藏稀見易占秘鈔本
2	卜易拆字秘傳百日通	心一堂編	
3	易占陽宅六十四卦秘斷	心一堂編	火珠林占陽宅風水秘鈔本
星命類			
4	斗數宣微	【民國】王裁珊	民初最重要斗數著述之一；未刪改本
5	斗數觀測錄	【民國】王裁珊	失傳民初斗數重要著作
6	《地星會源》《斗數綱要》合刊	心一堂編	失傳的第三種飛星斗數
7	《斗數秘鈔》《紫微斗數之捷徑》合刊	心一堂編	珍稀「紫微斗數」舊鈔秘本
8	斗數演例	心一堂編	
9	紫微斗數全書（清初刻原本）	題【宋】陳希夷	斗數全書本來面目；有別於錯誤極多的坊本
10－12	鐵板神數（清刻足本）——附秘鈔密碼表	題【宋】邵雍	無錯漏原版　秘鈔密碼表　首次公開！
13－15	蠢子數纏度	題【宋】邵雍	蠢子數連密碼表　打破數百年秘傳　首次公開！
16－19	皇極數	題【宋】邵雍	清鈔孤本附起例及完整密碼表　研究神數必讀！
20－21	邵夫子先天神數	題【宋】邵雍	附手鈔密碼表　研究神數必讀！
22	八刻分經定數（密碼表）	題【宋】邵雍	皇極數另一版本；附手鈔密碼表
23	新命理探原	【民國】袁樹珊	子平命理必讀教科書！
24－25	袁氏命譜	【民國】袁樹珊	
26	韋氏命學講義	【民國】韋千里	民初二大命理家南袁北韋
27	千里命稿	【民國】韋千里	
28	精選命理約言	【民國】韋千里	北韋之命理經典
29	滴天髓闡微——附李雨田命理初學捷徑	【民國】袁樹珊、李雨田	命理經典未刪改足本
30	段氏白話命學綱要	【民國】段方	民初命理經典最淺白易懂
31	命理用神精華	【民國】王心田	學命理者之寶鏡

<table>
<tr><td>32</td><td>命學探驪集</td><td>【民國】張巢雲</td><td rowspan="3">發前人所未發
稀見民初子平命理著作</td></tr>
<tr><td>33</td><td>澹園命談</td><td>【民國】高澹園</td></tr>
<tr><td>34</td><td>算命一讀通——鴻福齊天</td><td>【民國】不空居士、覺先居士合纂</td></tr>
<tr><td>35</td><td>子平玄理</td><td>【民國】施惕君</td><td></td></tr>
<tr><td>36</td><td>星命風水秘傳百日通</td><td>心一堂編</td><td></td></tr>
<tr><td>37</td><td>命理大四字金前定</td><td>題【晉】鬼谷子王詡</td><td>源自元代算命術</td></tr>
<tr><td>38</td><td>命理斷語義理源深</td><td>心一堂編</td><td>稀見清代批命斷語及活套</td></tr>
<tr><td>39－40</td><td>文武星案</td><td>【明】陸位</td><td>失傳四百年《張果星宗》姊妹篇
千多星盤命例　研究命學必備</td></tr>
<tr><td colspan="4">相術類</td></tr>
<tr><td>41</td><td>新相人學講義</td><td>【民國】楊叔和</td><td>失傳民初白話文相術書</td></tr>
<tr><td>42</td><td>手相學淺說</td><td>【民國】黃龍</td><td>民初中西結合手相學經典</td></tr>
<tr><td>43</td><td>大清相法</td><td>心一堂編</td><td rowspan="3">重現失傳經典相書</td></tr>
<tr><td>44</td><td>相法易知</td><td>心一堂編</td></tr>
<tr><td>45</td><td>相法秘傳百日通</td><td>心一堂編</td></tr>
<tr><td colspan="4">堪輿類</td></tr>
<tr><td>46</td><td>靈城精義箋</td><td>【清】沈竹礽</td><td rowspan="5">沈氏玄空遺珍
玄空風水必讀</td></tr>
<tr><td>47</td><td>地理辨正抉要</td><td>【清】沈竹礽</td></tr>
<tr><td>48</td><td>《玄空古義四種通釋》《地理疑義答問》合刊</td><td>沈瓞民</td></tr>
<tr><td>49</td><td>《沈氏玄空吹虀室雜存》《玄空捷訣》合刊</td><td>【民國】申聽禪</td></tr>
<tr><td>50</td><td>漢鏡齋堪輿小識</td><td>【民國】查國珍、沈瓞民</td></tr>
<tr><td>51</td><td>堪輿一覽</td><td>【清】孫竹田</td><td>失傳已久的無常派玄空經典</td></tr>
<tr><td>52</td><td>章仲山挨星秘訣（修定版）</td><td>【清】章仲山</td><td rowspan="3">章仲山無常派玄空珍秘
門內秘本首次公開
沈竹礽等大師尋覓一生末得之珍本！</td></tr>
<tr><td>53</td><td>臨穴指南</td><td>【清】章仲山</td></tr>
<tr><td>54</td><td>章仲山宅案附無常派玄空秘要</td><td>心一堂編</td></tr>
<tr><td>55</td><td>地理辨正補</td><td>【清】朱小鶴</td><td>玄空六派蘇州派代表作</td></tr>
<tr><td>56</td><td>陽宅覺元氏新書</td><td>【清】元祝垚</td><td>簡易・有效・神驗之玄空陽宅法</td></tr>
<tr><td>57</td><td>地學鐵骨秘　附　吳師青藏命理大易數</td><td>【民國】吳師青</td><td>釋玄空廣東派地學之秘</td></tr>
<tr><td>58－61</td><td>四秘全書十二種（清刻原本）</td><td>【清】尹一勺</td><td>玄空湘楚派經典本來面目
有別於錯誤極多的坊本</td></tr>
</table>

62	地理辨正補註　附 元空秘旨　天元五歌　玄空精髓　心法秘訣等數種合刊	【民國】胡仲言	貫通易理、巒頭、三元、三合、天星、中醫
63	地理辨正自解	【清】李思白	公開玄空家「分率尺、工部尺、量天尺」之秘
64	許氏地理辨正釋義	【民國】許錦灝	民國易學名家黃元炳力薦
65	地理辨正天玉經內傳要訣圖解	【清】程懷榮	秘訣一語道破，圖文并茂
66	謝氏地理書	【民國】謝復	玄空體用兼備、深入淺出
67	論山水元運易理斷驗、三元氣運說附紫白訣等五種合刊	【宋】吳景鸞等	失傳古本《玄空秘旨》《紫白訣》
68	星卦奧義圖訣	【清】施安仁	
69	三元地學秘傳	【清】何文源	
70	三元玄空挨星四十八局圖說	心一堂編	三元玄空門內秘笈　清鈔孤本 過去均為必須守秘不能公開秘密 與今天流行飛星法不同
71	三元挨星秘訣仙傳	心一堂編	
72	三元地理正傳	心一堂編	
73	三元天心正運	心一堂編	
74	元空紫白陽宅秘旨	心一堂編	
75	玄空挨星秘圖　附 堪輿指迷	心一堂編	
76	姚氏地理辨正圖說　附 地理九星并挨星真訣全圖　秘傳河圖精義等數種合刊	【清】姚文田等	
77	元空法鑑批點本——附 法鑑口授訣要、秘傳玄空三鑑奧義匯鈔　合刊	【清】曾懷玉等	蓮池心法　玄空六法 門內秘鈔本首次公開
78	元空法鑑心法	【清】曾懷玉等	
79	曾懷玉增批蔣徒傳天玉經補註【新修訂版原（彩）色本】	【清】項木林、曾懷玉	
80	地理學新義	【民國】俞仁宇撰	
81	地理辨正揭隱（足本）　附連城派秘鈔口訣	【民國】王邈達	揭開連城派風水之秘
82	趙連城傳地理秘訣附雪庵和尚字字金	【明】趙連城	
83	趙連城秘傳楊公地理真訣	【明】趙連城	
84	地理法門全書	仗溪子、芝罘子	巒頭風水，內容簡核、深入淺出
85	地理方外別傳	【清】熙齋上人	巒頭形勢、「望氣」「鑑神」
86	地理輯要	【清】余鵬	集地理經典之精要
87	地理秘珍	【清】錫九氏	巒頭、三合天星，圖文並茂
88	《羅經舉要》附《附三合天機秘訣》	【清】賈長吉	清鈔孤本羅經、三合訣法圖解
89－90	嚴陵張九儀增釋地理琢玉斧巒	【清】張九儀	清初三合風水名家張九儀經典清刻原本！

編號	書名	作者	說明
91	地學形勢摘要	心一堂編	形家秘鈔珍本
92	《平洋地理入門》《巒頭圖解》合刊	【清】盧崇台	平洋水法、形家秘本
93	《鑒水極玄經》《秘授水法》合刊	【唐】司馬頭陀、【清】鮑湘襟	千古之秘，不可妄傳匪人
94	平洋地理闡秘	心一堂編	雲間三元平洋形法秘鈔珍本
95	地經圖說	【清】余九皋	形勢理氣、精繪圖文
96	司馬頭陀地鉗	【唐】司馬頭陀	流傳極稀《地鉗》
97	欽天監地理醒世切要辨論	【清】欽天監	公開清代皇室御用風水真本
三式類			
98－99	大六壬尋源二種	【清】張純照	六壬入門、占課指南
100	六壬教科六壬鑰	【民國】蔣問天	由淺入深，首尾悉備
101	壬課總訣	心一堂編	過去術家不外傳的珍稀六壬術秘鈔本
102	六壬秘斷	心一堂編	
103	大六壬類闡	心一堂編	
104	六壬秘笈——韋千里占卜講義	【民國】韋千里	六壬入門必備
105	壬學述古	【民國】曹仁麟	依法占之，「無不神驗」
106	奇門揭要	心一堂編	集「法奇門」、「術奇門」精要
107	奇門行軍要略	【清】劉文瀾	條理清晰、簡明易用
108	奇門大宗直旨	劉毗	天下孤本　首次公開
109	奇門三奇干支神應	馮繼明	虛白廬藏本《秘藏遁甲天機》
110	奇門仙機	題【漢】張子房	
111	奇門心法秘纂	題【漢】韓信（淮陰侯）	奇門不傳之秘　應驗如神
112	奇門廬中闡秘	題【三國】諸葛武侯註	
選擇類			
113－114	儀度六壬選日要訣	【清】張九儀	清初三合風水名家張九儀擇日秘傳
115	天元選擇辨正	【清】一園主人	釋蔣大鴻天元選擇法
其他類			
116	述卜筮星相學	【民國】袁樹珊	民初二大命理家南袁北韋
117－120	中國歷代卜人傳	【民國】袁樹珊	南袁之術數經典